大切な人を
亡くしたあなたへ

自分のための
グリーフケア

坂口幸弘

# はじめに

「この悲しみとどう向き合えばいいんだろう？」
「今の苦しみがいつまで続くのだろう？」
「これから先、どうやって生きていけばいいんだろう？」
　本書は、大切な人を亡くし、深い悲しみのなかで、これらのような思いを抱えている人に読んでもらいたいと考えています。

　死別はけっして他人事ではなく、だれもが一度ならず経験する可能性のある出来事です。とはいえ、ごく身近な家族との死別はそうそう経験するものではありません。配偶者や子どもとの死別の場合は、初めて経験する人がほとんどでしょう。過去に経験したことのない心の痛みに戸惑い、目の前がまっ暗になったように感じることもあります。

　死別の悲しみを抱えたときに必要な支えは、"グリーフケア"とよばれています。どのような支えが役に立つかは、人によって大きく異なります。ときには医療機関を受診したほうがよいこともありますが、死別を経験した人すべてに専門的な支援が必要なわけではありません。死別にともなう悲しみは、一般的に自然で正常な反応ですので、多くの場合、自分一人の力で、あるいは周囲の人の温かい支えがあればなんとか対処することができます。

本書には、死別という人生の大きな困難にどう向き合えばいいのかについてのヒントが書かれています。死別は個人的な体験ですので、向き合い方は人それぞれで、唯一の正しい方法があるわけではありません。自分なりに悲しみと折り合いながら、本書の内容が今を生きていくためのきっかけになることを願っています。

　「悲しみに向き合うためのワーク」も、本書には含まれています。このワークに取り組むにあたって、留意してもらいたいことがあります。本書で紹介するワークには、模範的な解答はありません。正解を目指したり、成果を競ったりすることが目的ではなく、自分自身と対話しながら、ワークに取り組む過程そのものが重要なのです。他の人には知られたくない秘めたる想いもあるでしょうから、ワークの中身や成果を人に見せなくてもいいのです。他の人の目を気にせずに、善悪や望ましさの価値判断をすることなく、今の自分の率直な答えを大切にしてもらいたいと思います。今回のワークは、基本的に一人で行うことができますが、信頼できる人と一緒に取り組んでも差し支えありません。

　ワークのなかには、実施するのが難しいと感じたり、抵抗感を抱いたりするものがあるかもしれません。まずは取り組んでみようと思えるものだけで十分です。気が進まないときは、ワーク自体にあせって取り組まないことも大切です。また、ワークを行うなかで、当時の記憶が蘇り、精神的な苦しさを強く感じた場合は、くれぐれも無理をせず、いったん中断してください。自分の気持ちと相談しながら、心の状態に応じた時

期やペースで作業を進めてもらいたいと思います。

　なお本書でのワークは、症状の改善や病気の回復など、治療を目的としたものではありません。死別から日が浅く、悲しみが深い時期には推奨しません。特に、精神疾患が疑われるような重篤な症状がある場合には、早めに医療機関を受診することが望ましいです。

　本書は、大切な人の死に直面したご本人を読者として想定していますが、死別を経験した友人や知人が身近にいる人や、職業上で遺族に接する機会の多い人もいるでしょう。本書の内容を知ることで、深い悲しみのなかにいる人の良き理解者となることができるはずです。また、そう遠くない時期に身近な人の死を経験する見込みのある人にも、その日のための準備として本書は参考になるでしょう。

　本書をつうじて、死別の悲しみに向き合うためになにが大切で、人生の新たな一歩をこれから踏み出していくためにはなにが必要なのかを知ることが、今まさに悲しみを抱えている方々の支え、すなわちグリーフケアになることを願っています。

坂口幸弘

# 目 次

## 5章　悲しみに向き合うためのワーク

## 6章　きっとあなたの役に立つ情報

［装画］山崎正人　　　［装丁・組版・イラスト］
［編集］林 聡子　　　　小守いづみ(HON DESIGN)

# 1章

## まずは
## グリーフを知る

# つらい別れ、死別

　人生においてもっともつらく悲しい体験の一つは、大切な人との死別だといえます。年を重ねていくなかで、祖父母を亡くし、親を亡くし、配偶者を亡くすなど、身近な人の死に遭遇する機会は増えていきます。とはいえ、年齢順に死が訪れるわけではなく、若くして亡くなる方もいれば、子どもや孫が先に亡くなることもあります。

　「死別」と訳される英語の"bereavement"は、語源的に「奪い取る」「略奪する」という意味の言葉に由来しており、死が愛する者を奪い去っていくという意味合いを含んでいます。
　だれかに先立たれるとき、どのタイミングで、どのような形でその死に直面することになるのかはわかりません。思いもよらぬ別れが、突然にやってくることもあるのです。

　死別を経験することは、必ずしも特殊な体験ではありません。厚生労働省の人口動態統計によると、日本人の年間死亡者数は2003年に100万人を超え、令和4年（2022年）は156万9050人でした。
　1日に約4299人、1時間あたり約179人、約20秒に1人が亡くなっている計算です。このような多くの亡き人の傍らで、その死を嘆き悲しむ人たちも多く存在することになります。

　死別を経験するのは、遺族ばかりではありません。「遺族」とは「死者の後に残った家族・親族」を意味する言葉ですが、いわゆる遺族ではなくとも、亡き人と時間をともに過ごした友人や知人、恋人などもその死を悼み、深い悲しみに暮れることになります。
　それぞれの死の状況は異なるため、各々の体験を一括りにはできませんが、死別はだれもが当事者になりうる体験です。

# データでみる配偶者との死別経験の割合

　だれもが死別を体験するとしても、自分のこととして考えるのは、なかなか難しいものです。そこで国税調査のデータをもとに、男女別での配偶者との死別経験の割合をみてみましょう。

　配偶者に先立たれる割合は、女性の方が平均寿命が長く、年下の場合も多いことから、全体的に女性の方が高いことがわかります。その割合は、50歳を超えた頃から徐々に増え始め、65〜69歳では女性で11.8%、男性で3.4%、75〜79歳では女性で32.5%、男性で8.5%となります。

　夫婦であれば、やがて一方が先に亡くなり、一方が後に残されることになるのです。

### ● 男女別での配偶者との死別経験の割合
［令和2年国勢調査の配偶関係に関するデータに基づく］

**男性**

| 年齢 | 未婚 | 有配偶 | 死別 | 離別 |
|---|---|---|---|---|
| 50〜54歳 | 24.2% | 68.7% | 0.6% | 6.4% |
| 55〜59歳 | 19.6% | 72.1% | 1.1% | 7.2% |
| 60〜64歳 | 15.5% | 75.4% | 2% | 7.2% |
| 65〜69歳 | 12.3% | 77.7% | 3.4% | 6.6% |
| 70〜74歳 | 8.1% | 80.7% | 5.5% | 5.7% |
| 75〜79歳 | 4.8% | 83% | 8.5% | 4.2% |
| 80〜84歳 | 2.5% | 81.2% | 13.5% | 2.9% |
| 85歳以上 | 1.5% | 68.7% | 28.2% | 1.6% |

**女性**

| 年齢 | 未婚 | 有配偶 | 死別 | 離別 |
|---|---|---|---|---|
| 50〜54歳 | 15.2% | 72.1% | 1.9% | 10.8% |
| 55〜59歳 | 11.3% | 74.1% | 3.7% | 10.9% |
| 60〜64歳 | 7.9% | 75.5% | 6.8% | 9.8% |
| 65〜69歳 | 5.9% | 73.5% | 11.8% | 8.9% |
| 70〜74歳 | 4.9% | 67.8% | 19.3% | 8% |
| 75〜79歳 | 4.1% | 57.4% | 32.5% | 6.1% |
| 80〜84歳 | 3.6% | 41.6% | 50.4% | 4.4% |
| 85歳以上 | 3.6% | 16.9% | 76.5% | 3% |

■未婚　■有配偶　■死別　■離別

11

# 悲嘆（グリーフ）を知っていますか？

死別を含む、重大な喪失体験によって生じる感情や身体症状、問題行動の多くは、一時的な反応でだれしも経験しうる正常な反応です。このような反応は、グリーフ "grief" とよばれ、日本では "悲嘆" と訳されています。

多くの人にとって死別体験は、けっして容易ではありませんが対処できる体験です。たいていの場合、悲嘆は専門家による治療がなくとも、やがて軽減されていきます。それゆえ心身への影響は軽視できないものの、基本的に悲嘆は病気ではないと理解されています。

ただし、遷延性悲嘆症とよばれる通常の範囲を超えた悲嘆、うつ病や身体疾患などの病気につながる可能性はあります。

悲嘆は、悲しみだけを意味する言葉ではありません。もちろん、悲しみや怒りなどは悲嘆の特徴的な反応ではありますが、あらゆる人に共通する絶対的な反応というわけではないのです。

人によって経験される悲嘆反応の種類や強さは大きく異なり、また同じ人においても時間とともに悲嘆は変化します。

グリーフは本来、特定の反応を指すのではなく、P.14〜21で紹介する主に4つに分類される反応や症状の総称として捉えられています。グリーフの邦訳として、"悲嘆" が一般的ですが、その日本語としての意味は、「悲しみなげくこと」で、グリーフの持つ総称としての意味合いに比べ、かなり限定的です。

「悲嘆」と訳すことで、グリーフの元来の意味が矮小化され、狭い意味で理解される懸念があり、「悲嘆」ではなく、「グリーフ」と片仮名表記で用いられることもあります。

# グリーフの対象はいろいろ

　グリーフは、自分にとって大切な人だけではなく、所有物、環境などの喪失によっても起こる心の動きです。皆さんがよく知っているところでは、家族同然にかわいがっていたペットが亡くなって起こる、ペットロスがあります。

　以下にだれもが経験する可能性のある喪失を紹介します。

● **喪失する対象の分類** [小此木（1979）や森（1995）を元に作成]

| 分類 | 具体例 |
|---|---|
| 「人物」の喪失 | ＊ 肉親との死別や離別<br>＊ 親離れ、子離れ<br>＊ 失恋<br>＊ 親友との不和<br>＊ 友人、同僚、先生、隣人との別離 |
| 「所有物」の喪失 | ＊ 大切に持っていた物の紛失や損壊<br>＊ ペットの死<br>＊ 財産、能力、地位 |
| 「環境」の喪失 | ＊ 故郷、住み慣れた家<br>＊ 通い慣れた学舎や職場、行きつけの場所<br>＊ 役割や生活様式 |
| 「身体の一部分」の喪失 | ＊ 手足の切断、失明、失聴、脱毛、抜歯<br>＊ 老化（身体機能の低下）<br>＊ 自分自身の死 |
| 「目標や自己イメージ」の喪失 | ＊ 自分の掲げた目標<br>＊ 自分が思い描く自己イメージ、自己のアイデンティティ<br>＊ 誇りや理想 |

## 死別にともなうグリーフ① 感情的反応

　死別を経験したときの気持ちは、しばしば"悲しみ"という一語ではとうてい表現できないほど深く、また苦しいものです。「言葉では言いあらわせない」というのが、率直な思いかもしれません。

　死別した直後、特に予期せぬ死の場合には、ショックや無感覚の状態となり、感情が麻痺したような茫然自失の状態に陥ることがあります。
　心にぽっかりと穴が空いたような大きな喪失感を覚え、何事にも無気力になり、身だしなみや健康にも気が回らなくなりがちです。

　怒りやいらだちも、死別後によくみられる感情的反応です。死によって大切な人を奪われるという現実に対して、やり場のない怒りを経験することは自然なことです。「なぜ自分を残して先に死んでしまったのか……」と、亡き人に怒りを向けることもあります。
　罪悪感や自責の念に苦しめられる人もとても多いです。「ああすればよかった」「こうしたのがよくなかった」などと、つい自分を責めてしまいます。自分が今、生きていること自体がなにか悪いことのように感じる場合もあります。

　他の感情的反応として、将来に対する不安や、自分自身の死に対する恐怖を感じることもあります。また、時間が経つにつれ、少しずつさみしさが募ってくるかもしれません。
　死別にともない、負の感情だけがみられるわけではありません。長い闘病の末に亡くなった場合などは、解放感や安堵感を経験することもあります。自然な反応ですが、こうした感情を持つことに罪悪感を抱き、自己嫌悪に陥る人もいます。

# 死別で生じる感情は多岐にわたる

　大切な人と死別したときに生じる感情は、思いもよらない感情もあり、自分でも戸惑う方もたくさんいます。

　死別で生じる代表的な感情的反応を知っておくとよいでしょう。こんなふうに思うのは自分だけではないとわかると、心がラクになることもあります。

● **多くの人が体験する感情的反応**

抑うつ、絶望、悲しみ

不安、恐怖、畏怖

落胆、苦悩

罪悪感、罪責感、自責の念

無快感（楽しみの喪失）

怒り、敵意、いらだち

孤独感

思慕、切望、あこがれ

ショック、無感覚

死別の直後には、自分に起こっていることがピンとこない感じ、いわゆる非現実感をいだき、意外なほどに涙が出ないことがあります。

あとで振り返ったとき、お葬式をどのようにしたのかをほとんど覚えていないという人もいます。

また、現実に起きたことを認めようとしないという、否認を経験することもあります。

否認は、精神的な危機状況におかれたときに起こる防衛反応の一つで、耐えがたい現実から一時的にみずからを逃避させることで、押しつぶされそうな心を守る緩衝材として働くとされています。

死別後しばらくは、頭のなかが混乱していて、物忘れがみられたり、なにかに集中することが難しかったりしがちです。論理的に考えることも難しく、以前のような冷静な判断ができない恐れがあります。

亡き人のことや亡くなられたときの状況などについて、知らず知らずのうちに思い返してしまうことも多いです。いったん思い返してしまうと、そのことが頭を離れず、ついつい長く考え続けてしまうかもしれません。

亡き人の声が聞こえたり、姿がみえた気がしたり、あるいは気配を感じたりといった経験をすることもあります。通常は一過性で、病的なものではないと考えられています。

亡き人の夢をみる人もいれば、強く願っていても一度も夢に出てくれないという人もいます。

米国の調査では、伴侶を亡くした後およそ１年間に、亡き人の夢をみた人は約４割であったそうです。

# 慣れない体験に戸惑うこともある

　死の状況や亡き人との関係性などによっては、認知面に大きな影響があるかもしれません。以下のような体験をすると、自分がおかしくなってしまったのではないかと不安になる人もいます。しかし、多くの場合は正常な反応ですので、あまり心配しなくても大丈夫です。

● **死別後にみられる認知的反応**

| | | |
|---|---|---|
| 自尊心の<br>低下 | 亡き人を想う<br>ことへの没頭、<br>侵入的反すう | 亡き人の<br>現存感 |
| 抑圧、否認 |  | 自己非難 |
| 無力感、絶望感 | 非現実感 | 記憶力や<br>集中力の低下 |

　死別後しばらくの間、「家から一歩も出かけたくない」「ご近所さんには会いたくない」と、人や社会との接触を避け、引きこもりがちになることがあります。

　こうした行動は、ストレスを回避し一時的に心の安定を保つ意味で適応機制の一つと考えることもできますが、高齢者の場合には認知症や寝たきりの遠因になる危険性が指摘されています。

　悲しみは死別した多くの人が経験しますが、そのあらわし方は異なります。思いきり泣いたという人もいれば、じっと涙をこらえる人もいます。死別してからずいぶんと時間が経っても、何気ない日常のなかのふとしたきっかけで、涙があふれてくることがあり、自分でも驚かされるかもしれません。

　悲嘆の特徴的な反応の一つに、探索行動があります。亡き人を見つけようとして、生前によく行っていた場所に出かけたり、人混みのなかにその姿を探し求めたりする行動です。

　いくら探しても見つからないと頭ではわかっていても、そこに行けばまたあの人に会えるのではないかと、つい探してしまうのです。

　死別後に憔悴している人がいる一方で、落ち着きがなくなり極端に活動的（過活動）になる人がいます。その場合、もしかすると躁的防衛という心の働きが関係していて、現実を受けとめることが困難な状況で、心を守るために悲しい気持ちに蓋をしているのかもしれません。

　人によっては死別の悲しみを紛らわすために、喫煙や飲酒が増大するなど、健康によくない行動をとってしまうこともあります。

# 死別後にみられがちな状態や行動

　行動的反応が強い場合は、生活や人生そのものを脅かしてしまうことがあります。

　自分でも意識しないままに、以下のような状態に陥ったり、行動を取ったりしがちです。こうした状態や行動も、一時的であればグリーフの正常な反応だといえます。

● **死別後にみられる行動的反応**

| | | |
|---|---|---|
| 動揺<br>緊張<br>落ち着かない | 疲労 | 過活動 |
| 探索行動 | 涙を流す<br>むせび泣く<br>泣き叫ぶ | 社会的<br>引きこもり |

# 生理的・身体的反応

死別の影響は、感情面のみならず、しばしば身体面にも及びます。

比較的多くの人が経験するのが睡眠障害です。寝つきが悪い、夜中に何度も目を覚ます、朝早く目が覚めるという人もいれば、眠りが浅く、ぐっすり眠ったという感じがしないという人もいます。

食欲不振を経験する人も多く、なにを口にしても味気なく感じ、食べる気がせず、ときにはかなりの体重減少をともなう場合があります。

他にも、全身の疲労感や倦怠感、肩や首のこり、便秘・下痢、動悸、めまい・ふらつき、頭痛などの身体症状があらわれることがあります。思い当たる方も多いのではないでしょうか。

大切な人が突然の死だった場合には、立ちくらみや胸の圧迫感を訴えることもあるとされています。

また、死別によって免疫機能が低下することが報告されています。それに加えて、みずからの健康管理もおざなりになりがちで、持病が悪化したり、感染症や新たな疾病に罹患したりする危険性が高まることもわかっています。

ときに、亡き人の症状に類似した身体症状を経験することもあります。たとえば、心疾患で身内を亡くした遺族が胸の痛みを訴えることがあり、その場合、「故人と同じ疾病にみずからも罹患したのではないか……」と不安に襲われるかもしれません。

大切なのは、人によって反応のあらわれ方が違うことを理解しておくことです。

# 人によって違う症状のあらわれ方

　大切な人の死が、残された人の心身の健康に深刻な影響を及ぼす可能性があります。症状のあらわれ方は、人それぞれです。

　気になる症状がある場合は、医師に相談することも考えてみましょう。グリーフによる一時的なものなのか、治療が必要なものなのかを確認することが大切です。

● **死別後にみられる身体的反応**

食欲不振

睡眠障害

活力の喪失、消耗

身体愁訴

故人の症状に類似した身体愁訴

免疫機能や内分泌機能の変化

病気への罹りやすさ

# 記念日反応

　死別の悲しみは消え去ることはないとしても、時間とともに少しずつ気分の落ち込みは軽減し、つらいだけの時間は少なくなっていきます。

　しかし、いくら時間が経っても、治りかけた傷口からふたたび血がにじみ出すように、悲しみがあふれてくることもあります。

　たとえば、亡き人の命日や誕生日、結婚記念日、クリスマスなどの行事……。

　その日が近づくと、すでに気持ちの整理ができていると思っていても、亡き人がまだ生きていた頃の記憶や、亡くなった当時の情景がよみがえり、急激な気分の落ち込みを経験することもよくあります。

　悲嘆の症状や反応が再びあらわれ、急に涙が止まらなくなることもあります。このような体験は、「記念日反応」あるいは「命日反応」とよばれています。

　日本では四季が比較的はっきりしているため、季節の情景とともに過去の記憶がありありと思い出されてくる傾向があります。

　この現象は学習心理学の観点から、季節の情景が、死の状況や死別の体験と条件づけにより結び付けられた結果と考えられます。

　悲しみが襲ってくるのは、特定の日だけではありません。亡き人の思い出と結び付いた映像や風景、音楽などがきっかけで、記憶がよみがえり、つらくなることもあります。

　毎年同じ時期につらくなるという人は、記念日反応というものがあることを思い出してください。

# 急な気分の落ち込みに備える

　大切な人が亡くなったあと、徐々に小さくなっていった悲しみが、特別な日をきっかけに大きくなってしまう記念日反応。その代表的なものに、亡き人の命日があります。死別からの経過月数と抑うつ感の関係をグラフ化したものを紹介します。

　記念日反応に備えて、その日やその前後の期間を、どのように過ごすかを考えてみてもよいでしょう。

● **抑うつ感と命日反応**
[河合千恵子編、『夫・妻の死から立ち直るためのヒント集』、三省堂、1996年、p.29]

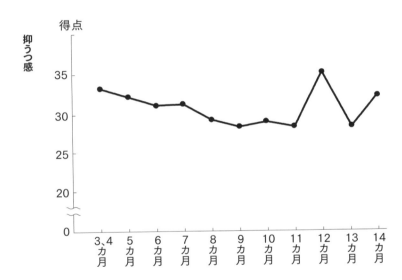

得点

抑うつ感

死別からの経過期間

# うつ病との違いはなに？

死別が原因となって、うつ病に陥る危険性があります。

配偶者を亡くした人の場合では、死別から1年後の時点で約16%にうつ病がみられたと報告されています。

日本では、生涯のうちにうつ病を経験するのは100人に約6人といわれていますので、それに比べるとかなり高い割合です。

しかし死別による悲嘆は、多くの場合において、自然で正常な反応なので、悲嘆そのものはけっして病気ではありません。

悲嘆には、うつ気分や罪悪感、睡眠障害など、うつ病と類似した症状もみられますが、両者は区別して捉える必要があります。

米国精神医学会の診断マニュアルでは、かつてうつ病の診断において、「症状は死別反応ではうまく説明されない」という基準が設定されていました。死別から2カ月未満の人は、自殺念慮など特別な症状がない限り、うつ病の診断が下されることはありません。

現在、この基準は撤廃されましたが、医師は悲嘆とうつ病の症状を慎重に見極めるべきで、安易にうつ病の診断が下され、抗うつ薬が処方されることがあってはならないとされています。

抗うつ薬に関していえば、うつ病となった遺族の抑うつ症状の改善には有効であると確認されていますが、悲嘆の症状に対する治療効果は認められていません。

# 知っておきたいうつ病との違い

　死別後にうつ症状が強いケースでは、うつ病と診断される可能性もあり、精神科や心療内科を受診したほうがよいこともあります。一方、悲嘆の症状は、抗うつ薬では改善しないこともあるので、うつ病と悲嘆による症状の違いを把握することが大切になってきます。

### ● 悲嘆とうつ病の違い
［悲嘆とうつ病の鑑別　DSM-5（2013/2014）を元に筆者が構成］

| 悲嘆 | うつ病 |
| --- | --- |
| * 空虚感と喪失感が主要な感情 | * 持続的な抑うつ気分と、幸福や喜びを期待する能力の喪失が主たる症状 |
| * 不快気分は、数日〜数週間にわたる経過のなかで弱まる<br>* 悲嘆の苦痛は、波のように繰り返し生じる傾向<br>* 悲嘆の波は、故人についての考えや故人を思い出させるものと関連する傾向 | * 抑うつ気分はより持続性があり、特定の考えや関心事に結び付いていない |
| * 肯定的な感情やユーモアをともなうこともある | * 広範な不幸やみじめさが特徴的 |
| * 故人についての考えや思い出への没頭が特徴 | * 自己批判的または悲観的な反復想起 |
| * 自己評価は保たれている<br>* 自己批判的な思考が存在する場合は、故人ときちんと向き合ってこなかったという思いを伴う | * 無価値感や自己嫌悪が一般的 |
| * 死について考える場合、故人に焦点が当てられ、故人と結び付くことに関する考え | * 死についての考えは、無価値感や生きるに値しないという考えのため、または抑うつの苦痛に耐えきれないために、自分の命を終わらせることに焦点が当てられている |

# 長引く強い悲嘆　遷延性悲嘆症

　死別による悲嘆は正常な反応なので、それ自体は病的なものではありませんが、ときに悲嘆反応の程度や期間が通常の範囲を超える「通常ではない悲嘆」がみられます。

　このような悲嘆について近年、「遷延性悲嘆症」(prolonged grief disorder) という疾患名が付けられ、新しい精神疾患として位置づけられています。

　世界保健機関（WHO）の国際疾病分類の最新版であるICD-11によると、遷延性悲嘆症の主たる症状は、「故人を思い焦がれること」と「故人への持続的なとらわれ」とされています。

　それらを含むきわめて強い情動的苦痛が、死別から少なくとも6カ月以上続き、社会生活にも支障が生じている状態を判断の基準としています。

　遷延性悲嘆症は、高血圧、がん、心疾患のリスク増大、免疫機能の低下、自殺リスクの増大、非健康行動（アルコール・タバコの消費）の増加などと関係することも示されています。遷延性悲嘆症の有病率に関しては、暴力的ではない死による死別を経験した成人において、9.8％と報告されています。

　遷延性悲嘆症の危険性を高める要因としては、事故や犯罪被害による死、突然の予期せぬ死といった死の状況や、亡き人との強い依存関係、遺族自身の精神疾患の既往歴などがあり、周囲から孤立しサポートが乏しいことも挙げられます。

　遷延性悲嘆症の心理療法については有効性が一部確認されていますが、研究途上段階でありまだ普及していません。なお遷延性悲嘆症への薬物療法に関しては、現在のところ有効性は確認されていません。

# こんな症状があれば遷延性悲嘆症かも？

以下のような症状があれば、注意が必要です。

● **遷延性悲嘆症が疑われる症状**
[ICD-11 における遷延性悲嘆症の診断基準　ICD-11(2019)を元に筆者が作成]

＊ パートナーや親、子ども、その他、親しい人の死を経験した後に、持続的で、広範囲にわたる悲嘆反応がみられる障害である。

＊ 「故人を思い焦がれること」あるいは「故人への持続的なとらわれ」が中核的な症状である。

＊ 悲しみ、罪悪感、怒り、否認、非難、死を受けいれがたい、自分の一部を失った感覚、肯定的な感情を持てない、情動的な麻痺、社会的あるいは他の活動に参加することが難しいなど、きわめて強い情動的苦痛をともなう。

＊ 悲嘆反応が通常よりも長く、喪失から少なくとも6カ月以上持続している。

＊ 悲嘆反応が、その個人の社会的背景のもとで予想される社会的、文化的、宗教的な標準の範囲を明らかに超えている。

＊ その個人の文化的、社会的背景において通常の範囲内での長期に及ぶ悲嘆反応は、ノーマルな反応であり、この疾患には該当しない。

＊ この障害によって、個人や家族、社会、学業、就業、その他の重要な領域で機能の障害が生じている。

# 子どもの悲嘆の特徴

　死別を体験した子どもの反応は多岐にわたり、感情、認知、行動、生理的・身体的にさまざまな反応がみられます。

　子どもの主な悲嘆反応として、悲しみに加えて、怒り、不安があります。怒りには、自分が見捨てられたという想いや、死を前にした無力感がもとになっていることも多いです。

　子どもが感じる不安の一つは、「ぼくも死ぬの？」「私もがんになるの？」といった、自分にも同じことが起こり、死ぬのではないかという不安です。

　夜寝つけなかったり、悪夢にうなされたりすることもよくあります。また、他の家族もいなくなってしまうことへの不安を抱く子どもや、これからの生活を心配する子どももいます。

　罪悪感は必ずしも多くの子どもにみられるわけではありませんが、自分が死を引き起こしたと信じ、罪の意識を感じることがあります。

　子どもの罪悪感は、大人には不合理な考えに思えたとしても、子どもにとっては長期にわたって心の重荷となる場合があります。

　子どもの場合、死別による悲嘆が言葉で表現されるのではなく、頭痛や腹痛などの身体症状や、落ち着きのない態度や攻撃的な行動、不登校や学習上の問題としてあらわれることがあります。

　泣きじゃくる子どもがいる一方で、まったく泣かずに、まるで何ごともなかったかのように普段どおりの活動や遊びをしたりする子どももいます。

　思春期の子どもでは、感情の表現や、死別体験について話すことへの抵抗感がみられるかもしれません。

# どのタイプも注意が必要

　子どもが大切な人との別れを経験した後の悲嘆反応は、一般的な大人の悲嘆反応とは異なる特徴があることがわかっています。子どもの悲嘆の特徴を知り、年齢や理解力に合わせてサポートできるとよいでしょう。

● **子どもの悲嘆の3タイプ**［石井(2005)を元に作成］

**不健康児タイプ**

　頭痛や腹痛などの身体の痛み、微熱、吐き気、食欲不振、不眠、夜尿、夜驚、チックといった身体症状を示すタイプの子ども。医療機関に行っても、身体上の原因は見当たらないと診断されるかもしれない。

**問題児タイプ**

　急に感情を爆発させたり、暴力的になったり、非行に走ったりするなど、周囲を困らせる言動が多く見られる子ども。一見すると悲嘆と関連するようにはみえないかもしれないが、感情を制御できないほどの苦しみのあらわれとも考えられる。

**心配無用児タイプ**

　周囲の心配を感じ取って、妹や弟の面倒を積極的にみたり、遺された親を心理的あるいは物理的に助けて安心させたりして、元気そうにみえるタイプの子ども。しかし、実際は家族のために必死に踏ん張っている状態で、親代わりや親の相談相手などの役割を長い間続けると、その後に他の人間関係や身体症状で悩むこともある。

# 人間的な成長

　大切な人の死や、みずからの深刻な病気などはつらいものです。しかし人生で経験する悲劇的な体験が、価値観や生き方などに影響を与え、人間的な成長の機会になることがあります。

　このような肯定的な影響は、心的外傷後成長（post traumatic growth）やストレス関連成長（stress-related growth）などとよばれています。

　「成長」という表現は不適当だと感じられるかもしれませんが、重大な外傷体験の一端をあらわす専門用語として用いられています。

　米国の心理学者であるリチャード・G・テデスキとローレンス・G・カルフーンによると、心的外傷体験における人間的な成長は、深刻な心の苦しみをともなう出来事の精神的なもがきの結果として生じるポジティブな変容と捉えられています。

　重大出来事がそれぞれの人の持つ世界観や価値観を打ち砕くとき、人はその体験の意味を探求するように動機づけられ、その過程であらわれるのが人間的な成長なのです。

　それに加えて、まわりの人との関わりをとおして、人間関係における肯定的な変化がみられることもあります。

　困難な出来事をとおしての人間的成長は、だれもが経験する可能性がありますが、みんなが同じように成長を実感するわけではありません。

　そもそも成長しなければいけないと考えるべきではなく、成長をまったく感じられないこともあります。

　そして成長がみられたからといって、苦痛や苦悩がなくなるわけではありません。人間的な成長は最終的な目標ではなく、困難な現実を受け入れていく心理的な過程の一部としてみられる変化と考えられています。

# 悲しみに向き合うなかでの成長

　つらい経験をすることで、人は成長していくことがあります。成長の内容としては、次の5つが挙げられます。

● **人間的成長の5つの領域**［Tedeschi & Calhou（1996）を元に作成］

### ①他者との関係

　「自分は一人ではないと感じた」「人のやさしさをあらためて知った」など、人間関係の親密さが増す。

　苦しんでいる人、特に同じような体験をした人への共感や、思いやりを強く感じるようになる。

### ②新たな可能性

　体験をきっかけに、新たな関心が芽生えたり、新たな活動に取り組んだりする人もある。

　人生の新しい道を歩み始めることがある。

### ③人間としての強さ

　死別体験によって、人間の弱さが教えられることがある。

　と同時に、それを乗り越えようと苦闘するなかで、自分が以前よりも強くなったと思えるようになる。

### ④スピリチュアルな変化

　死別の経験をとおして、以前よりも信仰心が高まったり、人間の力を超えたスピリチュアルな事柄への関心や理解が深まったりすることがある。

### ⑤人生に対する感謝

　みずからの死すべき運命への気づきをとおして、命の大切さを痛感し、一日一日を大切にするようになる。

　また、人生において何が重要なのかという優先順位を見直す人もいる。

# 遺族会に通い続けて

　ご主人を亡くされて2年が経った頃から、毎月欠かさずに遺族会に参加してくださった女性がいます。生きていることがつらく、どうすればご主人に会えるのか、その方法を教えて欲しいと涙の止まらない日々が続きました。

　なにがその方の支えになるのかは個人差が大きく、正しい答えはありません。しかし、遺族会のメンバーで「なにもできなくてもいい、また来月、必ずここで会いましょう」と約束し続けました。彼女は、毎月足を運んでくれました。話したいことを話して、泣いて笑って、美味しいお茶を飲んで。

　彼女は7年目のご命日を前に、「もう大丈夫。一日一日をなんとか生きて、気がついたら7年が経っていました。生きててよかったと思います」と話してくれました。

　大切な人を亡くした悲しさや淋しさは消えるものではありません。しかし、悲しみの色や形は少しずつ変化していきます。遺族会はそのお手伝いをする場所の一つなのかもしれません。

# 2章

# 悲しみが
# 癒されていく
# プロセス

# 立ち直りのプロセス　グリーフワーク

　遺族が立ち直っていく心理過程をあらわす表現として、グリーフワーク（grief work）という言葉があります。

　この言葉は、精神分析学の創始者であるジークムント・フロイトが示したドイツ語のトラウアアルバイト（Trauerarbeit）に由来し、喪の作業、悲哀の仕事、悲嘆の作業、モーニングワークなどとよばれることもあります。

　故人へのとらわれから解放され、故人のいない環境に再適応し、新しい関係を形成することが、グリーフワークといわれています。

　グリーフワークにおいては、悲嘆を回避することは望ましくなく、悲嘆の表出を促すことが遺族へのケアの目標であると広く信じられてきました。

　他方、グリーフワークという考え方に対して、科学的根拠が乏しく、定義が不明確であるなど、批判的な意見も示されています。

　グリーフワークとはなにかという概念そのものに関しては議論の余地が残されていますが、ワーク（作業、仕事）という表現は、的を射ているように思われます。

　この表現には、大切な人を亡くした人自身が主体となって、相応の努力と苦悩をしなければ達成できないことを暗に含んでいます。

　死別に直面した後のグリーフワークは、ある意味で、肉体労働と同じく精神的なエネルギーを大量に消費する人生の大仕事だといえるでしょう。

　その大仕事をやり遂げるためには、まわりの人の助けや相応の時間が必要となるかもしれません。

# さまざまな理論やモデル

　立ち直るためのプロセスが、どのように進んでいくのかについていろいろな理論やモデルがあります。代表的なものをご紹介します。

● **代表的な5つの理論・モデル**

| 1 |
|---|
| **愛着理論** |
| 悲嘆は本質的には分離不安であり、死別は、愛着対象からの望まない分離と捉える。 |
| ⇨p.36 |

| 2 |
|---|
| **段階・位相モデル** |
| 死別した人の主に心理状態や行動の特徴について描出し、時間順に順序づける。 |
| ⇨p.38 |

| 3 |
|---|
| **課題モデル** |
| 死別後の悲嘆からの回復過程を、一連の課題の達成と考える。 |
| ⇨p.40 |

| 4 |
|---|
| **二重過程モデル** |
| 大切な人の死そのものに対処するだけでなく、故人の死にともなって生じる日常生活や人生の変化にも並行して対処する。 |
| ⇨p.42 |

| 5 |
|---|
| **意味再構成モデル** |
| 構成主義の考えに基づき、死別体験に対して、自分なりに意味づけをしていく個人的な意味の創造が重要と考える。 |
| ⇨p.44 |

# ① 「愛着理論」 愛着対象からの望まない分離

　英国の精神科医ジョン・ボウルビィが築いた愛着理論は、子どもの発達過程における親と子の親密で情緒的な絆である「愛着」（attachment）に注目しています。

　乳幼児期の健全な母子関係や適切な子育てをとおして基本的信頼感が育まれ、親は子どもにとって外界へ探索に出かける安全基地を提供してくれる存在となります。

　このような愛着対象である養育者が自分から離れることに対して、子どもが示す不安や抵抗は「分離不安」とよばれています。

　ボウルビィによると、悲嘆は本質的には分離不安であり、死別は愛着対象からの望まない分離と捉えられています。

　愛着理論では、亡き人との関係性の特質と結合の強さに焦点が当てられ、亡き人との絆が強ければ強いほど、悲嘆はより苦痛なものとなると考えられます。

　ただしボウルビィの主張に対しては、喪失に対する子どもの頃の反応を本質的に大人の反応と同じだと捉えていることへの疑問の声があります。

　愛着理論で強調される不安や探索行動は、死別後の悲嘆プロセスの一般的な側面ではないとの意見もあります。

　人類が生存し、環境に適応していくために愛着関係は必要不可欠で、悲嘆はその愛着関係の副産物といえます。

　悲嘆はつらく苦しい体験なので、できれば避けたい体験ですが、大切な人との愛着関係、すなわち深いつながりが確かに存在したことの証でもあります。死別自体は不幸な出来事ではあるけれども、人生すべてが必ずしも不幸であるわけではありません。

# 愛着理論に基づく悲嘆のプロセス

　ボウルビィは、悲嘆のプロセスを愛着理論に基づいて下記の4段階に分けて説明しています。

● **ボウルビィの4段階**［Bowlby（1980/1981）を元に作成］

**第1段階**

## 無感覚と不信（numbness and disbelief）

一般に数時間から一週間ほど連続する段階で、これが非常に強烈な苦悩や怒りの爆発につながることもある。

**第2段階**

## 思慕と探求（yearning and searching）

失った人物を思慕し探し求めることが数カ月、そしてときには数年続く段階で、怒りや非難もこの段階の特徴である。

**第3段階**

## 混乱と絶望（disorganization and despair）

感情の打撃に耐え、喪失が永続的な事実であり、自分の生活を再建しなければならないことを認めて受け入れる。

**第4段階**

## 再建（reorganization）

慣れない役割を果たし、新しい生活技術を得るために努力しなければならない。

　死別後の悲嘆のプロセスとして、段階モデル（stage model）あるいは位相モデル（phase model）とよばれる考え方があります。

　段階・位相モデルでは、大切な人を亡くした人の主に心理状態や行動の特徴について描出し、時間順に順序づけようと試みます。

　たとえば、米国の臨床心理学者キャサリン・M・サンダーズ（1992/2000）は、彼女自身の息子との死別経験も踏まえて、右ページのようなモデルを提唱しました。

　①ショック、②喪失の認識、③引きこもり、④癒し、⑤再生の5段階を示しています。

　段階・位相の数や内容は研究者によって主張が異なり、4段階モデルのものもあれば、12段階モデルのものも提案されています。

　いずれのモデルでも人によっては、各段階・位相が重複したり、順序が入れ替わったり、飛ばされたりする可能性もあると考えられています。はっきりした境界線を引けるような直線的なプロセスではなく、むしろ潮の満ち引きのように移ろい重なり合う状態であるともいわれています。

　ただし、段階・位相モデルに対しては、大切な人を亡くした人一人ひとりの個性を尊重しておらず、だれもが同じ道程を歩むとの誤解を与えかねないとの批判的な意見もあります。

　段階・位相モデルについては、死別後にたどるべき悲しみの様相を規定するものではなく、悲嘆のプロセスを理解するためのあくまでも一般的な目安として捉えるようにするのが望ましいでしょう。

# 時間で変化する心の状態

　時間の経過とともにたどる一般的な悲嘆のプロセスです。死別後の心の動きの参考にしてください。

● 段階・位相モデルのイメージ

## ショック期
「実際に起こったことが信じられない」「混乱して考えがまとまらない」などの状態を経験し、現実とは別の世界にいるような感じを持つこともある。短時間で終わることも、数週間続くこともある。

## 喪失の認識期
突然涙が止まらなくなったり、神経が過敏となり、怒りやいらだち、罪悪感を強く感じる。

## 引きこもり期
肉体的にも精神的にも疲弊し、絶望感や無力感に襲われる。心と体の回復のために無理をせず、休息することが必要。

## 癒し期
この時期になると、以前よりほんの少し力が出せるような気がしてくる。死を受け入れ、亡き人のことを上手に思い出せるようになる。

## 再生期
精神的に安定し、自分自身のために生きることを学んでいく。外の世界にも目を向けるようになる。

課題モデル（task model）は、死後の悲嘆からの回復過程を一連の課題の達成と考えます。

段階・位相モデルとは異なり、心理状態や行動に固定した順序を規定していません。

課題モデルの特徴は、悲嘆のプロセスにおいて遺族は行為者だと捉えていることです。

わかりやすくいうと、課題の遂行は遺族自身によって着手し、達成されなければならないのです。

米国の心理学者ウィリアム・ウォーデンは、右ページの4つの課題を提唱しています。

**課題Ⅰ**は、その人が死んでしまい、もう戻ってくることはないという現実に正面から向き合い、死の事実を受け入れることです。亡き人の死について頭で理解できても、それが真実であると腹の底から認められるようになるには、ときに多くの時間を要することがあります。

**課題Ⅱ**は、死別にともなう悲嘆の苦痛を認め、避けたり、抑圧し続けたりしないことです。今の苦痛を否認し、考えることをやめて、つらさや不快を避けることは、課題の達成を妨げることになるかもしれません。

**課題Ⅲ**は、亡き人がいない生活を営むための生活スキルを身につけることや、亡き人が果たしていた役割を担うことです。また、死別によって変化した自己意識（アイデンティティ）や価値観の問い直しも求められます。

**課題Ⅳ**は、亡き人との関係をあきらめることではなく、心の中に亡き人のための適切な居場所を新しく見いだすことです。亡き人に適した心理的な場所を見つけることで、亡き人とつながり続けながらも、自分の人生を進むことができます。

# 死別後に取り組むべき課題

　課題モデルでは、遺族を受け身な存在ではなく、みずから積極的に死別体験に向き合うことのできる能動的な存在として捉えています。悲嘆からの回復のために、一連の課題に、各自が取り組んで行かなければならないと考えられています。

● **ウォーデンの4つの課題**［Worden（2018/2022）を元に筆者が作成］

| | |
|---|---|
| 課題 I | 喪失の現実を受け入れること |
| 課題 II | 悲嘆の痛みを消化していくこと |
| 課題III | 故人のいない世界に適応すること |
| 課題IV | 故人を思い出す方法を見いだし、残りの人生の旅路に踏み出すこと |

オランダの心理学者マーガレット・S・シュトレーベらによって提唱された「二重過程モデル」（dual process model）というモデルがあります。

このモデルでは、遺族は大切な人の死そのものに対処するだけでなく、亡き人の死にともなって生じる日常生活や人生の変化にも対処しなければならないと想定しています。

そして、死自体に対する対処を「喪失志向コーピング」、亡き人のいない生活や人生に対する対処を「回復志向コーピング」とよんでいます。

このような2つの方面への対処は、並行する動的過程とされています。

つまり、あるときは亡き人の死の現実に向き合い、一方では生活上の問題や人生の課題に取り組むという、行ったり来たりする対処の過程だと考えられています。

どちらか一方の課題だけではなく、双方の課題に、同時並行で向き合っていくことが大切です。

死の現実を受け入れることができてはじめて新たな人生の物語が始まるのではなく、完全には受け入れられなかったとしても、生活や人生は着々と進んでいて、その後の物語はすでに始まっています。

死別からの時間の経過にともない、通常、喪失志向から回復志向へと軸足は移っていきます。

必要な時間は喪失の状況や人によって大きく異なりますが、時間が経つにつれて、失われたもののことばかり考えていたのが、少しずつ目の前の生活やこれからの人生を考える時間が増えていくでしょう。

# 大きな2つの課題に並行して向き合う

　大切な人を失うことにより、「喪失志向」と「回復志向」という2つの
側面を行き来しながら日々を過ごしていきます。

● **二重過程モデル**[Stroebe & Schut（2001/2007）を元に作成]

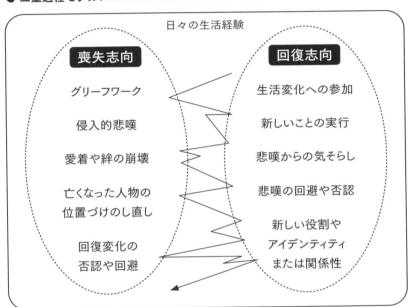

日々の生活経験

**喪失志向**

グリーフワーク

侵入的悲嘆

愛着や絆の崩壊

亡くなった人物の
位置づけのし直し

回復変化の
否認や回避

**回復志向**

生活変化への参加

新しいことの実行

悲嘆からの気そらし

悲嘆の回避や否認

新しい役割や
アイデンティティ
または関係性

**喪失志向コーピング**

亡き人との関係や絆に焦点を当
てた、喪失自体に対する対処。
亡き人を思慕することや反すう
すること、涙すること、死の状
況や死が意味するものを検討す
ることなどが含まれる。

**回復志向コーピング**

亡き人のいない今後の生活や人
生に焦点を当てた対処。たとえ
ば、家事や家計管理など亡き人
の果たしていた役割を会得する
ことや、生活を再建すること、
新しいアイデンティティを確立
することなどが挙げられる。

　私たちは自分の生きている世界は、ある程度予測可能で、安全であると想定し、日々の生活を送っています。こうした自分なりの想定のもと、それに従って行動したり、人生の出来事を解釈したりしています。

　しかし、大切な人との死別という不測の事態に遭遇したとき、その想定が大きく揺るがされる恐れがあります。たとえば幼い子どもの死や、事故による突然の予期せぬ死に直面した場合、この世に正義などないと感じる人もいるでしょう。

　米国の心理学者ロバート・A・ニーマイヤーは、構成主義（人は生来どんな体験にも何らかの意味を探り出す存在であるという考え）の立場から、死別に対する意味の再構成を重視する「意味再構成モデル」（meaning reconstruction model）を提唱しています。

　このモデルでは、もともと持っていた自分の価値観や想定していた世界の基準（意味構造）に基づいて、大切な人の死という出来事を解釈し理解できる場合には、死別にともなう苦痛は比較的小さくてすむと考えられます。たとえば、その死を運命や神の意志と理由づけることで、死を受けとめようとする人もいます。

　反対に従来の自分の基準では、その死を理解不能な場合、苦痛は大きくなり、現実との誤差を調整するために、価値観や想定していた世界そのものを再考し、改訂する必要が生じるとされています。

　意味再構成モデルでは、亡き人の死に対する各人の意味づけに注目しており、死別体験の個別性が強調されています。そして、悲嘆のプロセスは、一人ひとりがみずから意味を探求する能動的な過程であると考えられています。

# 自分なりの意味づけをする

　各自の価値観の枠組みのなかで、大切な人の死という出来事を解釈しようと試みる。既存の価値観で、その死を受け入れることができれば、その苦痛はそれほど深刻なものとはならないかもしれない。納得できる意味を見いだせない場合、従来の価値観を見直し、自分なりの意味を探求することになる。

● **意味再構成モデルの経路** [Gillies & Neimeyer(2006)、川島(2008)を元に作成]

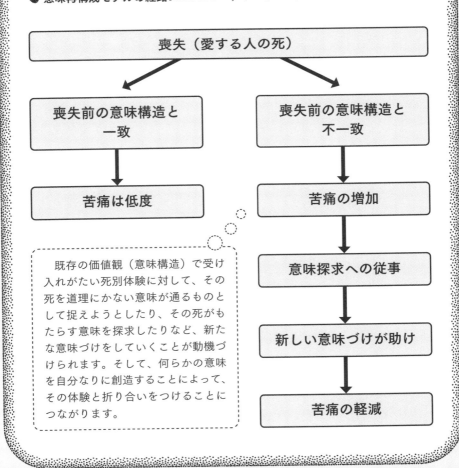

```
            喪失（愛する人の死）

   ┌──────────────┐        ┌──────────────┐
   │ 喪失前の意味構造と │        │ 喪失前の意味構造と │
   │     一致      │        │    不一致     │
   └──────────────┘        └──────────────┘
          ↓                        ↓
   ┌──────────────┐        ┌──────────────┐
   │   苦痛は低度   │        │   苦痛の増加   │
   └──────────────┘        └──────────────┘
                                   ↓
                            ┌──────────────┐
                            │  意味探求への従事 │
                            └──────────────┘
                                   ↓
                            ┌──────────────┐
                            │ 新しい意味づけが助け │
                            └──────────────┘
                                   ↓
                            ┌──────────────┐
                            │   苦痛の軽減   │
                            └──────────────┘
```

　既存の価値観（意味構造）で受け入れがたい死別体験に対して、その死を道理にかなう意味が通るものとして捉えようとしたり、その死がもたらす意味を探求したりなど、新たな意味づけをしていくことが動機づけられます。そして、何らかの意味を自分なりに創造することによって、その体験と折り合いをつけることにつながります。

# 継続する絆

亡き人がどこにいて、自分にとってどのような存在となるかは、遺族一人ひとりの考え方によって異なるでしょう。

年齢を問わず、亡き人は自分のすぐそばで見守ってくれていると思っている人は多いようですが、一つの正しい答えがあるわけではありません。

死によって亡き人の肉体は失われてしまいますが、遺された者にとっての存在が跡形もなく消え去るというわけではありません。

死別後も続く亡き人とのつながりのことは、「継続する絆」(continuing bond) とよばれています。

「人は二度死ぬ」といわれるように、肉体的な死が訪れても、人々の記憶から失われないかぎり、亡き人は生き続けられると考えることもできます。

たとえ眼前に姿は見えないとしても、亡き人の存在を感じながら、ともに人生を歩まれている人も少なくないでしょう。

もちろん生きていたころとまったく同じ存在のままではありませんし、その関係性は必然的に変わります。

米国の哲学者トーマス・アティッグは、

「私たちは故人との絆を断ち切る必要はない。必要なのは、絆の性格とそれが人生において占める位置を改めることだ」と述べています。

そして、"亡き人との関係を学び直す"ことが大切だ、と主張しています。

亡き人との関係を断ち切り、存在を忘れようとするのではなく、亡き人との絆や交わりを心のよりどころの一つとして、目の前の生活や人生の歩みを進めていくことが望まれます。

# 亡き人とどのようにつながるかは人それぞれ

　亡き人をどのような存在として捉え、どのようなつながりを持ち続けるのかは、人によって異なります。以下に亡き人とのつながりをあらわす体験をご紹介します。

● **継続する絆の例**

近くで温かく
見守ってくれていると
思っている

亡き人の写真を
持ち歩き、
ことあるごとに
語りかける

仏壇や
お墓の前で、
亡き人と対話する

困ったことがあると、
亡き人なら
どうするだろうと
考える

どう生きたら
亡き人は
喜んでくれるだろうかと
想像する

心の中で
生きていると
感じる

間違った
振る舞いや行動を
しないように
見ていてくれる

声が聞こえたり、
夢に出てきたりして、
メッセージを
送ってくれる

# 心の回復力 レジリエンス

　大切な人との死別は人生でもっともつらい体験の一つですが、多くの人にとって、耐えがたい苦しみが一生続くわけではありません。

　人には程度の差はあるものの、だれしも苦難を生き延びるための「レジリエンス」（resilience）とよばれる心理的な強さが備わっています。

　レジリエンスとは、死別に限らず、災害や疫病、戦争などの人生の危機や逆境に直面しても、やがては日常の生活や人生を取り戻すことができる人間の潜在的な能力やその過程を意味しています。

　この「レジリエンス」という言葉は本来、「歪んだ物体が変形後にその大きさと形状を回復する能力」を意味する物理学用語ですが、心理学の領域では「回復力」「復元力」などと訳されています。

　「柳に雪折れなし」という諺が示すように、柳の木のごとく、たとえ困難な状況におかれたとしても、柔軟に対応することができる心のしなやかな強さというイメージと捉えることもできます。

　レジリエンスはみずから高めることができるとされており、高めるためには右ページで紹介する方法を心掛けるとよいでしょう。
　一人ひとりが、人生の一大事である死別に向き合う力、レジリエンスを高め、この先の人生を自分らしく生きていけるようになることが大切です。

# レジリエンスは高められる

　米国心理学会は、レジリエンスを育むための方法として次の10項目を提示しています。自分自身がなにができて、なにができていないかチェックをして、把握してみましょう。

● **レジリエンスを育むための方法**

| 1 | 人とのつながりを持つこと | ☐ |
|---|---|---|
| 2 | 危機的状況を、乗り越えられない問題と捉えないようにすること | ☐ |
| 3 | 変化は人生の一部だと受け入れること | ☐ |
| 4 | みずからの目標に向けて行動すること | ☐ |
| 5 | 果敢に行動すること | ☐ |
| 6 | 自分を発見する機会を探すこと | ☐ |
| 7 | 自分自身を肯定的に見られるようになること | ☐ |
| 8 | 広い視野で物事を見ること | ☐ |
| 9 | 前向きな見通しを持ち続けること | ☐ |
| 10 | 自分自身をいたわること | ☐ |

# 自分の心の変化を客観的に知る

　夫を亡くし、塞ぎこんでつらい日々を過ごされていた女性に、ご遺族の手記や、死別した後の心の変化について書かれている本を数冊紹介しました。

　「だれにも私の気持ちはわからない」「私はひとりぼっちです」と話していた彼女が、しばらく経ってから、葬儀の後に心配してくれた友人の電話を途中で切ってしまったこと、海外にいる友人が送ってくれた異国の絵葉書を破り捨てたこと、食事の誘いをいつも断っていたことなどを話してくれました。

　「だれも私の気持ちをわかってくれないと酷い態度を取ったけど、彼女たちは私のことを心配してくれていたんですね」

　夫を亡くしてつらかった頃は、周囲の人の優しさを受け入れることができなかったそうです。

　死別後、だれにも会いたくないと思ってしまうことがありますが、そんな時期もあっていいと思います。同じような体験をした人の話を読んだり聞いたり、時の流れとともに自分の心の変化を客観的に知ることではじめて気づくものがあるかもしれません。

# 3章

## 深い悲しみの
## 中にいるときに
## 大切なこと

# 今日一日をとにかく生きる

　死別したとき、自分の一部が奪われたような喪失感をおぼえ、生きていくことがつらく感じられることがあります。生きることに意味を見いだせず、亡き人が早く自分を迎えに来てくれることをひたすらに願う人もいます。

　なにも考えられず、なにも手につかず、ただただ時間だけが過ぎていく日々が続いていく……。この苦しみがこのまま一生続くような気がして、先の見えない絶望感に襲われることもあります。

　そのような状態のときは、今日一日をとにかく生きることが大事です。なにもできなくても、生きているだけでいい、今あなたが生きていることがなによりも大切なことなのです。

　今と同じつらさがずっと続くわけではなく、悲しみは消えなくても、耐えがたいほどのつらい時間には終わりがあります。今日をなんとか生き延びれば、そのぶんのつらい時間は減ります。かかる時間は人によって違いますが、心の状態は変わっていきます。

　「やまない雨はない」や「明けない夜はない」という言葉があるように、悲しみの深淵にも光が差しこんでくる日がきっと訪れます。

　まずは、自分が今日を生きることを考えましょう。急ぐ必要のないことは、あと回しでかまいません。将来のことも、今はまだ考えられなくて当然です。

　これからどう生きていこうかとあれこれ考えても、すぐに答えが見つかるとは限りません。あせらずに時間をかけて考えていくのがよいのではないでしょうか。

　一日一日を生きていく、その積み重ねのなかで、生きることの意味も見えてくるでしょう。

# 今と同じつらさがずっと続くわけではない

　どうしようもなくつらいときには、なにもできなくてもいいのです。たとえば以下のように、とにかく今を生きているだけで十分です。

● **どうしようもなくつらいときの過ごし方**

☐　なにもしなくていい

☐　時間の流れに身をゆだねていい

☐　朝、起きなくてもいい

☐　生きる意味がわからなくていい

☐　自分を責めてもいい

☐　亡くなった人のことだけを考えてもいい

☐　今は生きているだけでいい

# 人それぞれの悲しみがある

　大切な人を失ったときに経験する想いや感情は、人それぞれで異なります。家族のあいだでも、大きく違うことがよくあります。

　一人ひとりの想いや感情に善し悪しはなく、いずれも尊重されるべきものです。他の人と違ったり、理解されなかったりすることもあるかもしれませんが、自分の気持ちを大事にしましょう。

　悲しみにどのように向き合うのかに関しては、心身を害する恐れのあるものでない限り、自分がよいと思える方法やペースでかまいません。

　なるべく考えないようにするのも、向き合い方の一つといえます。死別に対して、どう向き合うのが正しいのかを一律に定めることは難しいのです。

　同じような体験をした人の話を聞いたり、読んだりすることで、みずからの喪失体験を客観的に捉えることができます。

　しかし、これからの生活や人生の歩みに向けて、他者の体験談からなんらかのヒントが得られることがある一方で、自分の考え方とは合わないときもあります。

　悲しみにどう向き合うのかは、人生をどのように生きるのかにつうじます。生き方に一つの正解がないのと同様、悲しみへの向き合い方にも絶対的な正しい答えがあるわけでありません。

　他の人の考えや助言を鵜のみにする必要はなく、自分なりのやり方を模索するのがよいでしょう。今の自分には難しいと思える向き合い方でも、しばらく時間が経てば受け入れられるようになることもあります。

# 悲しみがなくなることはありません

　死別後の胸中を、濁った水の入ったコップにたとえるとイメージしやすいので紹介します。下の図は、あるご遺族がみずからのグリーフの体験を描かれたものです。

● **消えない悲しみ** [「小さないのち」代表　坂下裕子氏の資料を元に作成]

濁った水

（心の中が悲しみでいっぱいの状態）

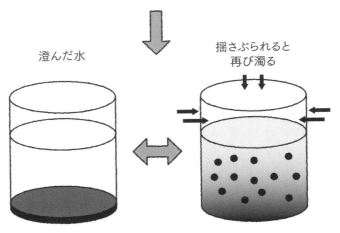

澄んだ水

（悲しみは心の奥に沈んでいる）

揺さぶられると
再び濁る

（記念日反応などなにかのきっかけで
悲しみがあらわれる）

# 泣いても泣かなくてもいい

「泣きたいときには泣いたらいい」とよくいわれるように、あふれ出る感情や、流れる涙を無理に抑えなくてもかまいません。

あなたの悲しみはあなたのもので、他のだれのものでもありません。亡き人のために泣いてくれる人はいても、あなたの代わりに泣くことはできないのです。

泣くことは、落涙を特徴とする人間が生まれ持った行動です。泣くことには情動を調整する機能があり、カタルシスと呼ばれる気分の浄化現象がみられることが知られています。ひとしきり泣くだけ泣いたら、気持ちが少し晴れるかもしれません。

泣くことは精神的な弱さのように捉えられがちですが、けっしてそうではなく、人間が生まれながらに身につけているストレスに対する有効な対処方法の一つなのです。

人に涙を見せたくないという人もいるでしょう。気持ちを受けとめてくれる人が身近にいれば、その人の前で泣くことも悪くないですが、必ずしもそうする必要はありません。

人前で泣いた場合と独りのときに泣いた場合で、泣いた後の気分の改善に違いはないとの研究報告もあります。人目を気にしなくていい場所を見つけて、思い切り泣くのもよいのではないでしょうか。

一方で、泣けないという苦しみもあります。そんなときに、無理に泣く必要はないし、泣けない自分を責める必要もありません。

泣くことがよいとしても、泣かなければいけないわけではないのです。

# 泣けない苦しみもある

　死別の悲しみは、詩や俳句、短歌などで表現されており、自分の気持ちを代弁してくれているようなものに出合うことがあります。

　大切な人を失う苦しみを詠んだ、石川啄木の短歌があります。啄木の長男は、生後二十四日でこの世を去りました。現実を受けとめられない啄木の心情が表現されており、悲しみきれないことへの自責の念がにじみ出ています。

かなしみの強くいたらぬ

さびしさよ

わが児のからだ冷えてゆけども

石川啄木

歌集『一握の砂』より

## 怒りへうまく対処する

　大切な人の死に直面して経験するのは悲しみだけでなく、怒りを感じたり、イライラしたりすることもあります。

　特定の対象に対して強い怒りを抱いたり、理不尽な現実に対してやり場のない怒りを感じたりすることもあるでしょう。

　ときには、「なぜ自分を残して先に死んでしまったのか……」と、亡き人に怒りをぶつけたくなる場合もあります。

　怒りやいらだちは程度の差はありますが、よくみられる一般的なグリーフの反応です。

　こうした怒りの感情を持ち続けるのは、とても苦しいことです。怒りを心の中にずっと閉じこめておくことは、心臓病の危険性を高めるともいわれています。

　死別を経験した子どもでは、怒りの感情が攻撃的な言動や非行としてあらわれることもあるようです。死別にともなう感情として、悲しみに目が向きがちですが、怒りにうまく対処することも大切です。

　怒りの感情は、心の中で抑え込むのではなく、なんらかの形で表に出すことが望ましいとされています。

　自分なりに怒りをうまくコントロールできる方法を探ってみてもよいでしょう。右ページに主な方法を紹介しますので、ひとりで抱えきれないような怒りを感じたときに試してみてください。

　社会生活を送るうえで、怒りやいらだちは人を遠ざけ、ときに人間関係を悪化させます。

　目の前の人に対して怒りやいらだちを強く感じるときには、その場をひとまず離れるといった行動をとることも一つの対処方法です。

# 怒りをうまくコントロールする

怒りをコントロールするための自分なりの方法を探ってみましょう。以下に例として、3つの方法を紹介します。

● 怒りをコントロールする方法の例

## 1
### 怒りの気持ちを聞いてもらう

信頼できる人に怒りの気持ちを聞いてもらいます。そうすることで、自分が感じている怒りを冷静に見ることができるようになり、怒りが少し収まることもあります。

## 2
### 怒りを体で表現する

許される範囲で、大声をあげたり、物を投げたり、クッションを叩いたりしてもよいでしょう。怒りの感情を身体で表現することで、緊張がほぐれることもあります。

## 3
### 深呼吸で心を落ち着ける

深呼吸には副交感神経を高め、心身をリラックスさせるはたらきがあるとされています。呼吸に集中することで、怒りから気を逸らすことが期待できます。

# 時間が心を癒してくれる

　時間は心を癒す妙薬であり、悲しみやつらさは時がたてば薄らいでいくという意味で、「日にち薬」という言葉があります。「時間が癒やしてくれる」と慰める周囲の人もいれば、自分にそう言い聞かせる人もいるでしょう。

　時間が必要ということは間違いありませんが、死の状況や亡き人との関係性などによって、必要な時間には大きな個人差があります。数週間で十分という人もいれば、数年かかる人もいます。

　どれくらいの時間が経てば、今の悲しみから抜けだせるのかという問いに、明確な答えを示すことはできません。自分や周囲の人が考えるよりも短いこともあれば、ずっと長いこともあります。

　もし自分がふがいなく思えても、あせることはありません。気を長く持つことが肝心です。大切な人を亡くしたのですから、時間がかかるのは当然のことです。早く悲しみを乗り越えようと、自分の気持ちを無理に抑えこんでしまうことは、結果的に体や心に悪い影響を及ぼしかねません。

　時間は必要ですが、死別によるつらさは、時間だけで解消されるわけではありません。むしろ時間がたつにつれ、つらさが増してくるように感じられることさえあります。

　多くの場合、時間が経過していくなかで、気持ちはゆれ動きながら、少しずつ変化していきます。まるで波のように、気分の浮き沈みをくりかえし経験しつつ、つらい気持ちが徐々に小さくなっていくでしょう。何年経っても急に落ち込むことはありますが、もっともつらいときの時間がずっと続くわけではないのです。

# 悲しみには波がある

　大切な人を亡くした後の悲しみには波があり、波が落ち着くのに必要な時間は人それぞれですが、つらい気持ちは浮き沈みをくり返しながら、少しずつ小さくなっていきます。

● **悲しみの波の変化**［戈木（1999）を参考に筆者が作成］

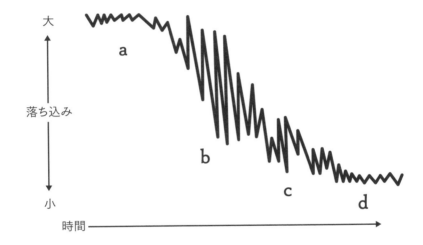

a········落ち込みの大きい状態。

b········落ち込みの小さい状態に向かいつつあるが、些細なことで
　　　　大きく落ち込むこともある。

c········落ち込むときもあるが、大きく落ち込むことがほとんど
　　　　なくなる状態。

d········波が安定し落ち込みが小さい状態。

# 自分を許すことも大切

　どんなに後悔したところで、過去に遡って変えられないことを知っていても、自分を責めずにはいられない……。後悔や自責の念は、自分でコントロールすることが難しいゆえに苦しく、長く続きがちです。

　罪の意識を感じるあまり、楽しみを断つという禁欲生活を送る人や、自分を傷つけてしまう人もいます。これは「自己懲罰による償い」といわれる罪悪感への対処方法の一つですが、自分を苦しめる行為はけっして亡き人の望むものではないでしょう。

　自分を責めがちな人は、起こってしまったことをあたかも事前に予測し、自分が他の選択をできたかのように感じているかもしれません。事後的に、それが予測可能であったと考えてしまう心理は、「後知恵バイアス」とよばれています。

　冷静に振り返ってみると、当時の選択は、おかれた状況や立場での、そのときの最善の、あるいはやむを得ない選択や行動だったのではないでしょうか。

　少なくとも、その選択や行動が後悔につながるという完全な予測は、その時点では困難であったはずです。

　仮に自分になんらかの落ち度があったとしても、そもそも常に完璧な行動をとれる人はいません。相手にとってよかれと思ってしたことが、悪い結果になってしまうこともよくあります。ついつい自分の至らなかった面ばかりに注目しがちですが、亡き人のためにしてあげたこと、頑張ったことにもっと目を向けることが大切です。

　自分を責める気持ちに十分苦しんだのであれば、それまでの自身の頑張りを認め、自分を少し許してあげましょう。自分を許すことができるのは、自分だけなのですから。

# 亡き人に対して心残りに思っていること

　自分がしたことやしなかったことに対して、自分を責め続けている人も多いでしょう。自分を責めるあまり、他になにも考えられなくなっているかもしれません。

　遺族がしばしば心残りに思っていることを以下に紹介します。

● **遺族の心残りなこと**

看取りに立ち会えなかったこと

体の異変に早く気づいてあげられなかったこと

定期的な検診をもっとすすめておけばよかったこと

お別れの言葉をいえなかったこと

一緒にもっと旅行や遊びに行っておけばよかったこと

十分なお世話ができなかったこと

結婚や孫の顔をみせられなかったこと

お別れの言葉を聞けなかったこと

元気なときにもっと優しく接してあげればよかったこと

亡くなる前に好きなものを食べさせてあげられなかったこと

# 体を休める

　死別後は、看病疲れや心労のために体調を崩しがちです。体を守る免疫の働きが低下し、病気にかかったり、持病が悪化したりする人も多くいます。

　亡き人のことが頭に浮かび、なかなか寝付けないこともよくあります。「早く眠らないといけない」とあせればあせるほど、目がさえてしまう……。

　そんなときは夜に寝ることにこだわらずに、空いている時間に仮眠を取るのも一つの方法です。ともかく横になって体をゆっくり休めることが大事なのです。

　寝付きが悪い、眠りが浅いなど不眠の症状がひどいようなら、医療機関を受診してみるのもよいでしょう。

　死別後には、食事を抜いたり栄養が偏ったりと、食生活が悪化することがあります。そもそも食欲が湧かないという人も多いでしょう。

　栄養のある食事をとることは、体調を整え、心の回復にもつながります。とはいえ、食べること自体が難しいときには、まずは口にしやすいものだけでもかまいません。少しずつでも食べていくことが大切です。

　つらい気持ちを紛らわそうと弱った体を無理に動かすことは、逆効果になりかねません。心身相関といわれるように、心と体は互いに関係しており、いくら気持ちで頑張ろうと思っても、体の調子が悪ければなかなか気力も湧いてこないものです。

　体調がすぐれないときは、十分な休息をとり、体をやさしくいたわることが、生きていくための気力を取り戻す近道になるでしょう。

# 自分の体をいたわりましょう

　悲しむことにも体力がいるので、自分の体を休めて体力を回復させましょう。そうは言っても、それぞれの事情で十分に休息をとることが難しい人や、体を休めることに抵抗感を覚える人もいるでしょう。

　できる範囲でよいので、ダメージを受けている自分の体をいたわりましょう。

● **体を休めるために意識的にするとよいこと**

十分な
睡眠をとる

生活の
リズムを整える

リラックスする
時間を
意識して作る

栄養のある
食事をとる

ぬるめのお湯で
ゆっくり
入浴する

昼間に
横になって、
体を休める

好きな
飲み物を飲み、
リフレッシュする

心が癒される
音楽を聞き、
瞑想する

# まわりを気にしすぎないようにする

　死別後に、まわりの人の目を気にして元気さを装ったり、自分よりも過酷な状況の人と比べてもっとつらい人がいるのだからと、自分の気持ちにブレーキをかけたりすることがあります。

　悲しみを無理に抑えるのではなく、自分の悲しみをそのままに経験し、悲しみきることが大切です。

　周囲の期待に応えようと、頑張りすぎてしまうこともあります。つらい時期には、まわりの期待に応えられなくてもしょうがないと考えるのがよいでしょう。

　無理を重ねることで、結果的に心の状態やおかれた状況が悪化することがあります。そのときの状況にもよりますが、まわりの人のことをあまり気にしすぎずに、まずは自分の気持ちを優先することが望ましいです。

　多くの人は死別の経験を少なからずしていますが、その体験や向き合い方は人によって大きく異なります。周囲の人が、自身の経験をもとによかれと思って発したアドバイスが、自分にはよいと思えないことがあります。ときには不快に感じることもあるでしょう。

　他の人の意見にとらわれすぎず、自分なりの考えをまずは大事にしましょう。

　ときにSNSをつうじたやり取りによって、心が苦しくなることがあります。

　SNS上での人とのつながりは、心の支えにもなりますが、ふとした言葉に傷ついたり、自分だけが取り残されたような疎外感を抱いたりすることがあります。SNSの使用がつらく感じられるときは、しばらく離れてみるのもよいでしょう。

# 不快な言動は気にとめない

　残念なことですが、まわりの人の何気ない言動に、心が乱され、不快な思いをすることがあるかもしれません。多くの場合、その人たちに悪意はなく、無自覚にそのような言葉を発したり、態度を取ったりしているのです。

　不幸にしてそのような人たちに出会ってしまったなら、彼らの言動にあまりこだわらずに、やり過ごすことが賢明です。

● **配偶者との死別後につらかったことは何ですか？** [坂口, 2001]

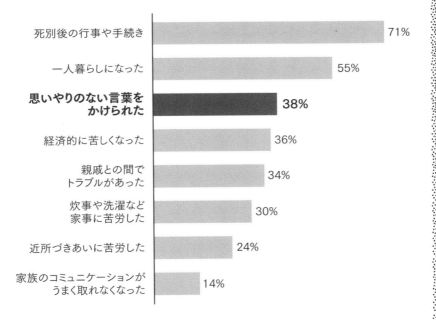

| | |
|---|---|
| 死別後の行事や手続き | 71% |
| 一人暮らしになった | 55% |
| **思いやりのない言葉をかけられた** | **38%** |
| 経済的に苦しくなった | 36% |
| 親戚との間でトラブルがあった | 34% |
| 炊事や洗濯など家事に苦労した | 30% |
| 近所づきあいに苦労した | 24% |
| 家族のコミュニケーションがうまく取れなくなった | 14% |

　死別後につらかったことを尋ねたところ、「思いやりのない言葉をかけられた」との回答がおよそ3人に1人にみられました。

## 考えない時間を作る

　死別してからしばらくの間は、亡き人のことばかり考えてしまい、なにも手につかず、悲しみに暮れる日々を過ごしがちです。

　これからの生活や先の人生を考えると、不安で仕方がないという人もいるでしょう。考えれば考えるほど、つらくなってきます。

　そんなときは、意図的に考えない時間を作ってみるのもよいでしょう。いろいろなことをあれこれ考えずに、家事や仕事、趣味など目の前のことに意識を集中します。

　日常の生活のなかで、悲しみから距離をおく時間は大切です。亡き人のことを忘れようとするのではありません。その必要はないし、忘れようと思っても、忘れられるものではないでしょう。

　わずかな時間だけでもなにかに没頭する時間を持つことで、つらく苦しい時間を少しやり過ごせるかもしれません。

　他方で、亡き人を思い出すことや、思い出させるような物や場所などを極度に避けようとする人もいます。

　こうした反応は一時的であれば問題ありませんが、自分の気持ちに蓋をして、現実に直面することをことさらに回避しようとすることは、結果的に悲嘆を長引かせる可能性があります。

　悲しみや孤独におそわれ、つらい気持ちを紛らわすために、飲酒や喫煙の量が以前よりも大幅に増える人もいます。過度の摂取は体の健康を脅かしますので、お酒やたばこに頼りすぎてしまうことは危険です。家族との死別がアルコール依存症のきっかけになることもあります。

# お酒に依存しないようにする

　家族の死をきっかけに、アルコール依存症になってしまうことがあります。以下に、広く知られているアルコール依存症のチェックリストを紹介します。４項目で判定する簡易的なテストで、２項目以上該当する場合は、医療機関に相談されることをおすすめします。

● **CAGE**（アルコール依存症スクリーニングテスト）

| | |
|---|---|
| １）飲酒量を減らさなければいけないと感じたことがありますか | （はい・いいえ） |
| ２）他人があなたの飲酒を非難するので気にさわったことがありますか | （はい・いいえ） |
| ３）自分の飲酒について悪いとか申し訳ないと感じたことがありますか | （はい・いいえ） |
| ４）神経を落ち着かせたり、二日酔いを治すために、「迎え酒」をしたことがありますか | （はい・いいえ） |

　２項目以上あてはまる場合は、アルコール依存症の可能性があります。

# 人に頼ることも大切

　死別によって立場や環境が変わると、まわりの人との関係が変化し、疎遠になってしまうことがあります。その一方で、これまでと変わらずに接してくれる人もいます。

　つらい状況のなかで、自分を気遣い、支えてくれる人たちの存在は大きな助けになります。信頼できる人がそばにいてくれるだけで、心強く感じられます。

　自分でなんでもやろうとしたり、人の世話にはならないと頑張りすぎたりすると、しだいにしんどくなってくることもあります。ときには自分から信頼できる人に頼ってみるのもよいでしょう。周囲の人たちは心の中ではなにか力になりたいと思ってはいても、どうしてよいのかわからずにいることがあります。

　自分がして欲しいこと、今必要なことを、率直に伝えてみると、思っていた以上にあなたの助けになってくれるかもしれません。

　人に心配や負担をかけたくないという思いは理解できますが、だれかに頼るのはけっして悪いことではありません。つらい思いをしている身近な人の力になれることは、まわりの人にとってもうれしいことです。

　相手のことを気遣って、過度に遠慮する必要はありません。そもそも生まれてから、人の世話にならずに生きてきた人はいません。

　必要なときには存分に頼り、素直に感謝の気持ちを伝えるのがよいでしょう。相手に申しわけなさや、後ろめたさを感じるのであれば、今は頼れるだけ頼って、その恩はいずれ返せばいいのです。

# 死別後の心の支え

　もし周囲の人が力になってくれるなら、一人で頑張りすぎないで、厚意に甘えてみるのもよいでしょう。特に自分だけでは手に負えないような問題は、一人で抱え込まないことが肝要です。

● **配偶者との死別後に心の支えになったのはなんですか？**
　［遺族会参加者286人を対象とした筆者の調査結果（2016）を一部改変］

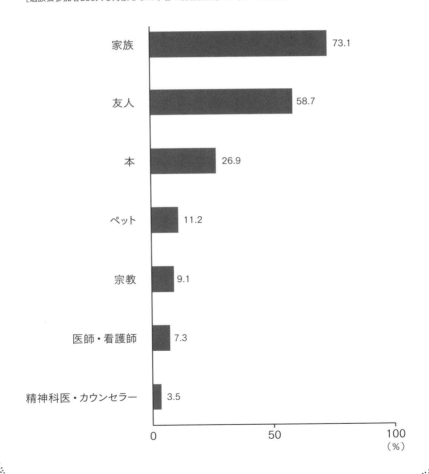

# 大きな決断はしない

　死別後しばらくの間は、転居や転職、財産の処分など大きな意思決定は、できれば控えたほうがよいでしょう。もちろんそれぞれの人の決断は尊重されるべきですが、死別によるグリーフが大きい時期には、集中力が低下し、論理的な思考も難しいため、適切な判断ができない恐れがあります。

　急いでことを起こすことによって、新たな苦悩を生じさせる可能性が懸念されます。どうしてもなにか大きなことを判断する必要がある場合には、一人で性急に決めるのではなく、信頼できる人に相談しながら、これまで以上にじっくりと時間をかけて慎重に考えるようにしましょう。

　遺骨や遺品の扱いに関しても、人それぞれでかまいません。
　遺骨を手放せず、自宅で保管し、納骨をしないままでいる人も多くいます。その是非についてさまざまな意見はあると思いますが、決してだれかに強制されるべきものではなく、みずからの気持ちと相談しながら判断するのがよいでしょう。
　遺品も、急いで処分する必要はありません。気持ちに一区切りをつけられることもありますが、手放してしまって後悔することもあります。自分で片づけようと思える日が来るまで、そのままでもいいのではないでしょうか。

　また、大変残念な話ですが、世の中には人の不幸につけこんで、自分たちの利益を得ようとする人がいます。頼る人がいなくなり、心が弱っているときには、ついつい親切そうな人を信用しがちです。
　もちろんすべての人を疑うべきとはいいませんが、金品に係わる話について無批判に信じることは避けたいものです。

# 急いで決めないほうがいいこともある

死別後の冷静な判断ができないときには、大きな決断を性急にするのは賢明ではありません。

ただし、相続放棄や保険金の請求など、期日が定められているものに関しては注意が必要です。

● **慎重に決めるべきことの例**

| | |
|---|---|
| ☐ | 遺品整理 |
| ☐ | 両親のいなくなった実家の売却 |
| ☐ | 転居 |
| ☐ | 離婚 |
| ☐ | 転職 |
| ☐ | 高価な買い物 |

## 現実を受けとめること

　人によっては、死の現実を信じたくない、認めないという思いが強くあるかもしれません。

　このような気持ちは「否認」とよばれる無意識的に起こる防衛反応の一つで、受けいれがたい現実に押しつぶされそうな心を守る緩衝材として働くと考えられています。

　一方で、すぐには難しいとしても、目の前の現実を受けとめていかなくてはなりません。心理学者の相川充は、妻を亡くした後、「あきらめる」ことを学ぶことで、気持ちに変化が生じ、新たな希望も芽生えたと述べています。

　「あきらめる」という言葉には、否定的なイメージがありますが、「あきらめる」の語源は、「あきらむ（明らむ）」で、道理を明らかにするというのが本来の意味です。

　断念や放棄という否定的な意味だけを持つわけではありません。相川氏によると、「あきらめる」とは、自分にできることとできないことを区別して、できないことをやめること、あるいは人間の力ではどうしようもないことがあるという事実を認めて、過去や将来についても思い煩わず、目の前に全力を傾けることだと考えられます。

　大切な人が死によって奪われたとき、私たちはもはやその現実を覆すことはできません。死という絶対的な力の前に、人間は亡き人を取り戻す術を持たず、無力であるといわざるをえません。

　しかし、死の現実を変えることはできなくても、その死をどう受けとめ、その後の人生をどのように生きていくかは自分しだいです。けっして容易なことではありませんが、つらい現実を見つめつつ、今自分ができることに取り組み、主体的に生きることが大切です。

# 受けとめきれない死の現実もある

　死の現実を受けいれることは、だれにとってもつらいことですが、その死が突然であった場合は、長い時間がかかっても受けとめきれないこともあります。

● **家族の死をどう受けとめているか？** [阪神淡路大震災20年遺族調査・朝日新聞 2015.1.19]

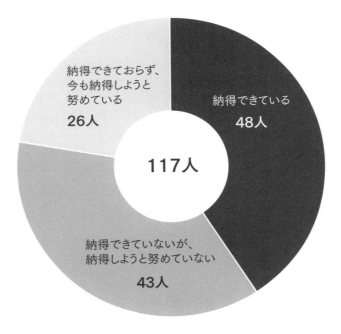

納得できておらず、今も納得しようと努めている　26人

納得できている　48人

117人

納得できていないが、納得しようと努めていない　43人

　20年前に阪神淡路大震災で亡くなった人の遺族のうち、6割近くが家族の死を納得できていませんでした。
　そのなかには、死の現実を受けいれるための答えを求め続けている人もいれば、あえて答えを求めないという選択をした人もいます。
　理不尽な死の場合、納得のいく答えなど一生かかってもみつからないかもしれません。

# あやまりたいことを書く

　高齢者施設に入所していた父親をコロナ感染で亡くされた女性は、面会制限で長い間会えず、看取りにも立ち会えませんでした。

　「施設に入れてごめんね。助けてあげられなくてごめんね」と、彼女は施設への入所をすすめたことを後悔し、自分を責め続けていて、父に謝りたいと話されていました。

　そこで、謝りたいことを紙に書くことを提案しました。自分の抱える感情を書き出すことはつらい作業でもありますが、頭に浮かぶ言葉を書くことは気持ちの整理につながることもあります。

　感情を書き連ねた紙を見ながら、彼女は父親に手紙を書くことにしました。父親のことを想いながら空色の便箋を買って、手紙を書いて、破いて……。今も彼女はそれをくり返していますが、この時間こそが彼女にとってのグリーフケアの時間であるように思います。いつか満足できる手紙が書けたとき、天国へ届くポストに投函することが、現在の彼女の小さな目標だそうです。

　亡き人に手紙を書くことは、簡単なことではありません。彼女のように、何年かかっても書けないこともあります。それでも亡き人のことを想いながら言葉を綴る時間は、亡き人との関係性を振り返り、紡ぎなおすきっかけになるでしょう。

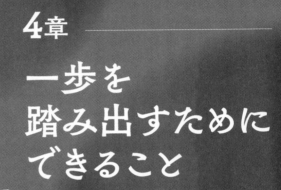

**4章**

# 一歩を
# 踏み出すために
# できること

# 死別体験について知ること

　死別は年齢を重ねるにつれて、一度ならず直面する出来事ですが、言葉にできないほどの悲しみはそう何度も経験するものではありません。これまでに経験した死別の体験とは異なる衝撃の大きさに戸惑うこともあります。

　自分はこれからどうなってしまうのか、どうすればいいのかと、先のみえない深い悲しみのなかで、途方に暮れている人もいるでしょう。

　そのようなときには、自分が経験している死別という体験について“知ること”が大切です。

　その方法として、本書のような死別や悲嘆に関して書かれた本や記事、体験者の手記を読んだり、話を聞いたりすることが考えられます。

　もちろん、とてもそんな気になれないという時期に、無理をして行う必要はなく、気が向いたときでかまいません。

　死別体験について理解することで、今の自分の状況を冷静に受けとめられるようになるでしょう。「悲嘆は病気でないこと」や「今の苦しみは永遠に続くものではないこと」を知ることで、少し安心できたという人もいます。

　同じような体験をしている他者の存在を知り、「自分だけがこのような体験をしているのではない」と、勇気づけられることもあります。

　死別体験は個人差が大きいので、見聞きしたことがすべて自分にあてはまるとは限りません。

　特に体験談の場合には、参考になるところもあれば、ならないところもあります。自分にとって役に立ちそうな知識を選び取っていくのがよいでしょう。

# 死別した人へのケアの枠組み

　下の図は、アイルランドで示された死別を経験した人へのケアの枠組みで、ピラミッドモデルとよばれています。

　このモデルでは、全員にレベル１の身近な人の支え（インフォーマルなサポート）が望まれる一方で、レベル２のフォーマルなサービス（ピアサポートなど）やレベル３の専門的なサービス（カウンセリングなど）といった第三者からのサポートを求める人も一定数いると想定しています。また、レベル４の専門家による治療が必要な人も少数存在します。

　すべての人に同じようなケアやサポートが必要なわけではなく、一人ひとりのニーズに応じた支援が得られることが大切であると考えられています。

● **死別した人へのケアのピラミッドモデル**［坂口（2022）を元に作成］

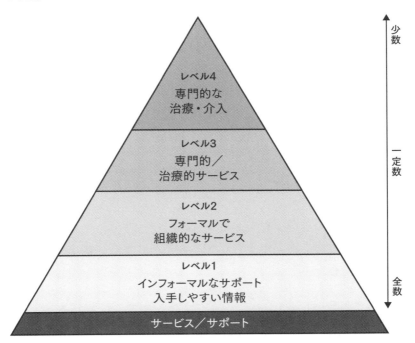

# 自分の気持ちを人に話す

　信頼できる人に自分の気持ちを"話すこと"で、複雑に入り交じった亡き人への想いや感情を少し整理できることがあります。

　人に"話すこと"の意義は、相手になんらかの反応を期待するというよりは、自分の気持ちに対して距離を取って見つめ直せることにあります。

　言葉にできない想いや感情を、あえて言語化するという過程をとおして、自分の気持ちがよりはっきりとみえてくるでしょう。

　自分の気持ちをだれかに"話すこと"は、勇気のいることですし、容易なことではありません。ときにつらい作業であり、蓋をしていた想いや感情が噴き出し、一時的に、悲しみがより深くなることもあります。

　話すという作業を通して得られる気づきはあるとしても、強制されるべきものではありません。自分の体験を言葉にして"話すこと"ができるようになるまでに、かなりの時間を要することもあります。

　気持ちを話すためには、じっくりと耳を傾けてくれるよき聞き手の存在が欠かせません。

　とはいえ、いくら親しい人であっても、プライベートな話はしたくないという人は多くいます。勇気を出して話したとしても、残念ながら相手の反応が望ましいものではない場合もあります。

　安心して話をすることができ、その話をゆっくりと聞いてくれる人をみつけることが大切です。

# 会話する機会が少ない高齢の単独世帯

　自分の気持ちを話せる相手が身近にいない場合には、心のケアの専門家に頼ったり、遺族同士の集まりに参加したりするのもよいでしょう。

● **高齢者世帯の会話頻度**（世帯タイプ別）
[国立社会保障・人口問題研究所「生活と支え合いに関する調査」（2017）を元に作成]

| 世帯タイプ | | 単独高齢 男性世帯 | 単独高齢 女性世帯 | 夫婦ともに 高齢者世帯 |
|---|---|---|---|---|
| 回答者数 | | 364人 | 717人 | 2,339人 |
| 会話頻度 | 毎日 | 49.5% | 61.1% | 89.3% |
| | 2～3日に1回 | 25.0% | 26.1% | 5.9% |
| | 4～7日（1週間）に1回 | 10.7% | 7.4% | 2.4% |
| | 2週間に1回以下 | 14.8% | 5.4% | 2.4% |

# 書いて心を整理する

　気持ちをだれかに話すことだけではなく、“書くこと”も対処方法の一つです。

　自分の気持ちを書くという作業は、自分の気持ちと向き合い、対話する地道なプロセスです。

　“話すこと”よりも、ゆっくりと自分のペースで気持ちと対話できることが、“書くこと”の利点といえます。自分の気持ちにひとり静かに向き合い、言語化することをとおして、亡き人の死にともなう混沌とした想いや感情をときほぐし、気持ちが少しずつ整理されていくかもしれません。

　表情や声に気持ちをこめることのできる“話すこと”よりも、文字にして“書くこと”は難しく感じられる人もいるでしょう。

　人に見せなければ、きれいな文章を書く必要はありません。思いつくままに書いて支離滅裂な内容であってもいいのです。

　亡き人に手紙を“書くこと”も一案です。良かったことも悪かったことも含めて、亡き人との思い出を振り返りつつ、生前には伝えきれなかった想いを伝えてみましょう。亡き人からの返信のメッセージを想像して書き留めてみるのもよいでしょう。

　手紙を書くことをとおして、亡き人に対するさまざまな感情に気づき、気持ちを整理する節目になると思います。

　“話すこと”と同様、無理をしてまで“書くこと”に取り組まなくてもかまいません。

　人によってはつらい作業となりますので、自分の気持ちに少し余裕ができたときに試してみるのがよいのではないでしょうか。

# いろいろある書く手段

　自分の気持ちをいきなり長い文章で書くのではなく、数行でも今の気持ちを書いて表現するところからはじめてみてもよいでしょう。

　以下に例示しますので、気が向いたときに試してみてください。

● **気持ちを書く手段の例**

- [ ] ノートを用意し、書きたいときに亡き人への想いを書く

- [ ] 毎日でなくてもいいので、日記をつける

- [ ] SNS上に自分の気持ちを書く

- [ ] 俳句や短歌を詠む

- [ ] 亡き人への手紙を書く

- [ ] スマホのメモ機能に亡き人への想いを書いていく

# 思い出を大切にする

亡き人とのよい思い出は、遺された者の心のよりどころになります。

亡き人の写真やゆかりの品を整理しながら、思い出をたどることもよいでしょう。死によって亡き人の存在のすべてが失われたわけではありません。ともに過ごした日々の記憶をとおして、亡き人を身近に感じることができます。

死別後に思い起こすのは、悲しい記憶ばかりではありません。米国の心理学者のジョージ・A・ボナーノによると、強い悲嘆のさなかであっても人は肯定的な記憶を思い起こす能力があるそうです。

良い思い出に頼って心の平穏を保つことで、喪失の苦痛に立ち向かうことができるといいます。脳内の過去の楽しい記憶を活性化させることで、気持ちが前向きになる可能性も指摘されています。

亡き人との幸せな時間を思い起こし、寂しさを感じることがある一方で、一時的であれ穏やかな気持ちにもなれるでしょう。

思い出を大切にすることは、亡き人のために遺族ができる数少ない事柄の一つでもあります。

時が経てば、日々の生活のなかで、亡き人のことを思い返したり、思い出話をしたりすることも少なくなりがちです。ときには、自分一人で、あるいは身近な人と一緒に、思い出を大切にする時間を持つようにしてみませんか。

心地よい記憶ばかりでないと思いますが、亡き人と一緒に過ごした時間を思い返すうちに、温かい気持ちを抱くことができるかもしれません。

# 思い出を大切にする方法

　亡き人との思い出を大切する方法はいろいろありますが、自分にとってよい方法を模索することが大切です。以下に、例として3つの方法を紹介します。

● 思い出を大切にする方法の例

## 1
### 亡き人との思い出を共有する

　亡き人の生前を知る人や信頼できる人と、思い出を共有するとよいでしょう。過去の楽しい記憶を語りあうことは、つらい気持ちを少し軽くしてくれるかもしれません。

## 2
### 亡き人との思い出に浸る時間を作る

　亡き人の記憶が薄れてしまうことに不安を感じる人もいます。そんなときは、写真や手紙を見返したり、一緒に行った場所を訪れたりして、思い出に浸るとよいでしょう。

## 3
### 記念日をお祝いする

　亡き人の誕生日や記念日を、みんなでお祝いするのもいいことです。亡き人にできることをしてあげることで、穏やかな気持ちになれることもあります。

# 生活のリズムを整える

　死別後には心身の不調とともに、生活のリズムも乱れがち
です。

　たとえば独り暮らしになるなど生活環境が大きく変化した
場合には、食生活や睡眠時間など、これまでの生活の習慣が
一変してしまうことがあります。

　新しい生活環境に応じて、新たな生活のリズムを整えてい
くことが必要です。生活をシンプルにして、なるべく負担の
少ないやり方を考えてみるのがよいでしょう。

　身体機能は、体に組みこまれている体内時計に従って規則
正しく働き、体全体の円滑な機能が維持されています。

　生活のリズムの乱れは、こうした生体リズムを狂わせ、疾
病につながる可能性があります。それゆえ、適切な生活のリ
ズムを取り戻すことは、体調の回復と維持のために大切なの
です。

　生活の立て直しを図ることで、精神面においても余計なス
トレスを減らすことができ、安心して毎日を過ごすことがで
きるようになるでしょう。

　あせらなくてもいいですが、まわりの人の助けも得ながら、
日常のリズムを少しずつ取り戻していくことが望まれます。

　生活のリズムを整えるために、体の調子が悪くなければ、
少し体を動かしてみるのもよいでしょう。

　定期的に体を動かすことで、血行がよくなり、身体の緊張
がほぐれ、心も解放されます。不眠を解消したり、食欲を増
進したりする効果も期待できます。

　簡単な体操やウォーキングなど、まずは無理のない範囲で
行うのが望ましいでしょう。

# パートナーが亡くなった後に困ったこと

　日常生活において、今まで普通にできていたことやパートナーに任せていたことなど、パートナーなしでは難しく感じられることがたくさんあります。

　健康的に暮らすためにも、新しい生活環境に合わせて、できることから少しずつ取り組んでいきましょう。

● **パートナーと死別した後、難しく感じたこと** ［日本ホスピス緩和ケア研究振興財団, 2018］

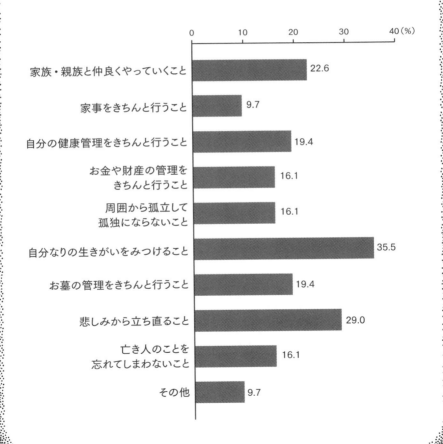

# いつもと違う時間を過ごす

　大切な人を亡くした後、なにもやる気が起きず、まるで時間が止まったかのように単調な日々を過ごしがちです。だれとも会いたくなくて、なるべく家から外に出ないようにしている人もいます。

　死別によって傷ついた心を癒すには、普段の生活から離れて、いつもとは違う時間を過ごすこともよいでしょう。

　たとえば、外に出かけて、自然に触れることはおすすめです。四季の草花や土の匂い、心地よい風、川のせせらぎなど、自然の風景が、張りつめた気持ちを優しくつつんでくれます。

　海や山など、自然のなかに身をおくことで、命に対する新たな気づきを得られることもあります。

　もちろんわざわざ遠方まで出かけなくても、身近なところでも自然に触れることはできます。

　近所を散歩したり、ガーデニングを楽しんだりすることでも、自然を感じられます。

　自然に触れることは、自分のペースで、一人ででもできるところが利点です。人づきあいのわずらわしさもありません。

　体調がよく、天気もよい日に、特にあてもなく出かけて、ぼんやりと時を過ごすのもよいのではないでしょうか。

　お寺や神社、教会などへ出かけてみたり、信仰の対象となるような場所を訪れてみたりするのもよいでしょう。写経を体験してみるのもいいかもしれません。遺族のなかには、四国八十八箇所を巡礼（お遍路）される人もいます。

　つらい気持ちから一時的に離れる機会を持つことが大事です。いつもとは違う非日常的な時間は、張りつめた心にしばしの休息を与えてくれます。

# 宗教は心の支えになるか？

　下のグラフのように、死に直面したときの心の支えとして、宗教に期待する人はけっして多くありません。他方で、近年、パワースポットと呼ばれるような霊場や聖地を訪れる人はたくさんいます。

　宗教離れが進んでいるといわれますが、宗教的な場や慣習などが持つ力は今も失われていないようにも思われます。

● **宗教は、死に直面したときに心の支えになるか？**
[日本ホスピス緩和ケア研究振興財団, 2023]

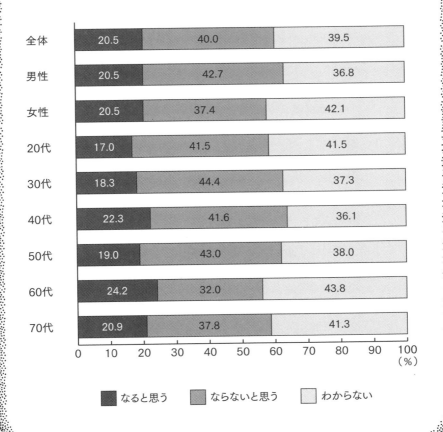

# 失っていないものに目を向ける

　大切な人の死は、人生における最も大きな喪失体験だといっても過言ではありません。米国の聖職者のE・A・グロルマンは、「子どもの死はあなたの未来を失うこと、配偶者の死はあなたの現在を失うこと、そして親の死はあなたの過去を失うことである」と述べています。

　亡き人の存在の大きさをあらためて認識し、この先の人生をどのように歩んでいけばいいかわからず、途方に暮れている人もいるでしょう。

　死別してまもなくは、当然ながら、死によって失われたものに意識が向きがちになります。しかし、その死によって、自分の人生のすべてが失われたわけではありません。

　自分がなにを失ったのかをついつい考えてしまいますが、自分にはなにが残っているのか、失っていないものはなにかにも目を向けることが大切ではないでしょうか。

　死別は、大切な人を失うつらい出来事ですが、その一方で、その体験をつうじて大事なものを思いがけず得られることもあります。

　たとえば、悲しみのなかで周囲の人のやさしさに触れ、彼らとの絆がより深くなることがあるでしょう。またこの経験がなければ、会うことのなかった人たちとの出会いもあるかもしれません。

　つらい体験を人生の一つの糧として、新しい人生の進路に踏み出したり、新たな生き方を模索したりする人もいます。

　失っていないものや、新たに得たものを意識することは、絶望的な喪失感からの解放を促し、これからを生きていくための力になるでしょう。

# 「はずだった」道ばかり見つめて……

　下の図は、お子さんを失くした親御さんが描かれました。亡き子と生きていく「はずだった」道は、死別を境になくなりました。新しい道ができたものの、はずだった道しかみることができなかったとのことです。

　時とともに本当の道はこちらだと、実際に歩いている新しい道を見つめられるようになったそうです。

● **本当の道を見つめられるようになるまで**
　［「小さないのち」代表 坂下裕子氏の資料を元に作成］

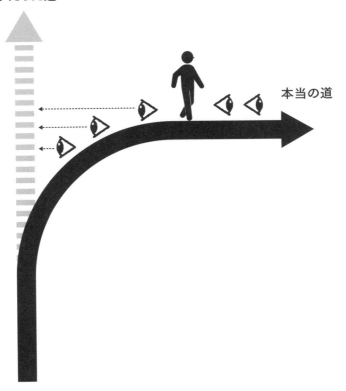

はずだった道

本当の道

「継続する絆」とよばれているように、亡き人とのつながりは死別した後にも続きます。死によって亡き人の肉体は失われますが、その存在が完全になくなるわけではありません。

亡き人を大切に想う人にとっては、たしかな存在として、あり続けることができます。亡き人のことを忘れて、新たな人生を始めるのではないのです。

亡き人の写真を持ち歩き、思い出の場所に出かけたり、ことあるごとに亡き人に語りかけたり、仏壇やお墓の前で対話したりする人は多くいます。

亡き人の生き方や考え方は、遺された者の人生の指針として受け継がれていきます。姿形はなくとも、私たちは亡き人とともに生きています。

米国の心理学者のウィリアム・ウォーデンは、死別からの回復過程で取り組むべき4つ目の課題において、亡き人との関係をあきらめるのではなく、心のなかの適切な場所に亡き人を位置づけることが重要だと述べています。

心のうちで、亡き人とのつながりを大切に持ち続けながら、みずからの生活や人生の歩みを進めていくことが大事なのです。

亡き人の存在やそのつながりをどのように捉えるかは、人によって異なります。「心の中で生きている」という人もいれば、「近くで見守ってくれている」という人もいます。

どのような捉え方であれ、亡き人との継続的な絆を意識し、今も亡き人とともにあると感じられることは、精神的なよりどころになるでしょう。

# 亡き人との関係性

　亡き人との関係をどのように感じているかについて、配偶者、父母、祖父母を亡くした人を対象にした調査があります。それによると、亡き人との続柄による違いはありますが、6割以上が「あなたをやさしく見守り、あなたを助けてくれているように感じる」と回答していました。

● **続柄別での亡き人との関係性**［筆者が行った調査を元に作成］

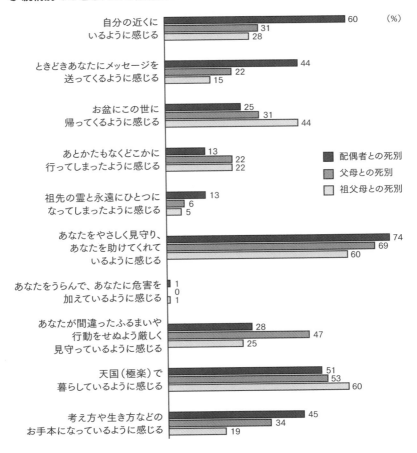

| | 配偶者との死別 | 父母との死別 | 祖父母との死別 |
|---|---|---|---|
| 自分の近くにいるように感じる | 60 | 31 | 28 |
| ときどきあなたにメッセージを送ってくるように感じる | 44 | 22 | 15 |
| お盆にこの世に帰ってくるように感じる | 25 | 31 | 44 |
| あとかたもなくどこかに行ってしまったように感じる | 13 | 22 | 22 |
| 祖先の霊と永遠にひとつになってしまったように感じる | 13 | 6 | 5 |
| あなたをやさしく見守り、あなたを助けてくれているように感じる | 74 | 69 | 60 |
| あなたをうらんで、あなたに危害を加えているように感じる | 1 | 0 | 1 |
| あなたが間違ったふるまいや行動をせぬよう厳しく見守っているように感じる | 28 | 47 | 25 |
| 天国（極楽）で暮らしているように感じる | 51 | 53 | 60 |
| 考え方や生き方などのお手本になっているように感じる | 45 | 34 | 19 |

（%）

# 遺族同士の集まりへの参加

　死別という体験は一人ひとり異なる個別性の高い体験ではありますが、同じような体験をした者同士であれば、多くを語らずとも深くわかり合えるということがあります。

　「自分と同じような体験をした人はいったいどうしているんだろう」「同じような体験をした人の話を聞いてみたい」と思われる方は、遺族同士のピアサポートや分かち合いの会、あるいは遺族会とよばれる遺族同士の集まりに参加してみるのもよいでしょう。

　同様の体験で苦しむ仲間との出会いは、とても心強く、孤独感をやわらげてくれます。

　普段の生活では話せないようなことも、安心して話せる場であることが重視されています。必要な情報を交換することで、目の前の困難に対する具体的な解決策を見いだせることもあります。

　このような集まりに対して、“傷の舐めあい”というイメージを持つ人もいます。

　たしかにつらい話に参加者がともに涙するという場面もありますが、それは悲嘆のプロセスの大切なステップであり、けっして後ろ向きの作業ではないのです。

　集まりのなかで話される内容は、過去のことばかりではありません。今現在やこれからの生活や人生の話題に及ぶことも多く、勇気づけられたり、生きるための知恵を得られたりします。

　悲しみの大きさに途方に暮れ、身動きが取れずにいる方にとって、死別の悲しみを分かち合える仲間とつながることのできる貴重な場所となっています。

# 遺族会に参加した人の声

　遺族同士の集まりでは、お互いに体験や気持ちを語り、それぞれの体験を分かち合うことをとおして、「私だけではない」ということを実感することができます。

● **遺族会に参加してよかったと思うこと**
［遺族会参加者286人を対象とした筆者の調査結果（2016）から引用］

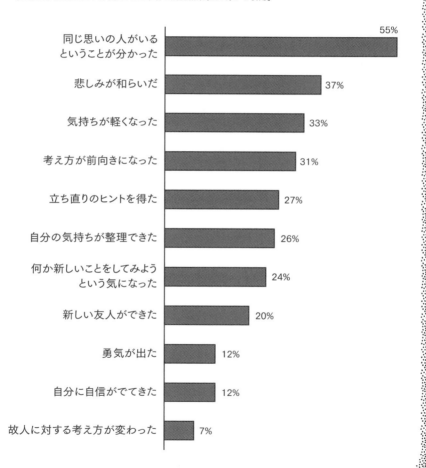

| 項目 | 割合 |
|---|---|
| 同じ思いの人がいるということが分かった | 55% |
| 悲しみが和らいだ | 37% |
| 気持ちが軽くなった | 33% |
| 考え方が前向きになった | 31% |
| 立ち直りのヒントを得た | 27% |
| 自分の気持ちが整理できた | 26% |
| 何か新しいことをしてみようという気になった | 24% |
| 新しい友人ができた | 20% |
| 勇気が出た | 12% |
| 自分に自信がでてきた | 12% |
| 故人に対する考え方が変わった | 7% |

## 専門家を頼る

　精神的なつらさが長く続き、日常生活にも支障が生じている場合には、精神科医や心療内科医、公認心理士など、心のケアの専門家に頼ってみるのがよいでしょう。

　話をじっくりと聞いてもらったり、薬を処方してもらったりすることで、少しずつ気持ちが楽になっていくことが期待されます。

　薬によって、悲しみを癒すことはできませんが、心身の負担を軽くし、生きる意欲やエネルギーを少なからず与えてくれます。なお、処方された薬に関しては、自分の判断で量を調整したり、服用を止めたりしないようにしましょう。

　死別に関しては、家族や友人・知人などいくら親しい人であっても、あるいは身近な人だからこそ、ありのままを話しにくい場合があります。

　専門家には守秘義務があるので、打ち明けられた個人的な情報はけっして口外されることはありません。プライバシーも厳守されるため、安心して話すことができます。

　地域の精神保健福祉センターや保健所などには、心の問題に関する相談窓口が開設されており、電話相談を行っているところも多くあります。そうしたサービスを利用してみるのもよいでしょう。

　生活上の問題や法律問題などに関しても、必要に応じて専門家に頼るとよいでしょう。

　死別後に直面している困難の解決のために利用できる自治体などのサービスもあるので、積極的に活用されることをおすすめします。

# 専門家による治療や支援

　精神科やカウンセリングは、馴染みのない人にとっては未知の世界で、不安や抵抗感もあるかもしれません。では、他の人はどのように思っているのでしょう？

　一般成人約1000名を対象とした調査では、4人に1人が、死別後に精神科医やカウンセラーなどの専門家による治療や支援を受けたいと回答していました。その理由を以下に紹介します。

● **専門家の治療や支援を受けたい理由** [関西学院大学悲嘆と死別の研究センター, 2023]

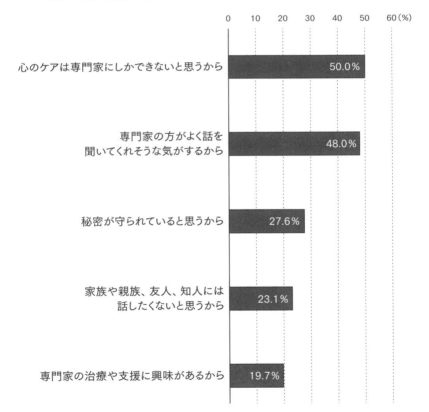

| | |
|---|---|
| 心のケアは専門家にしかできないと思うから | 50.0% |
| 専門家の方がよく話を聞いてくれそうな気がするから | 48.0% |
| 秘密が守られていると思うから | 27.6% |
| 家族や親族、友人、知人には話したくないと思うから | 23.1% |
| 専門家の治療や支援に興味があるから | 19.7% |

## 楽しみを見つける

　楽しみを持つことは、これからを生きていくための原動力になります。

　とはいえ、死別後には、趣味や習いごとなど以前は楽しんでいた活動を楽しむことができなくなるかもしれません。亡き人と共通の趣味を持っていた場合には、その思いは強くなりがちです。

　亡き人への申し訳なさから、楽しみを持つことに罪悪感や後ろめたさを抱く人もいます。亡き人はそんなことを望んではいないということを頭ではわかっていても、そう思ってしまいます。

　たとえば美味しいものを食べる、ショッピングを楽しむ、好きな音楽を聴く、ガーデニングをするなど、どんなことでもいいので自分が気軽に楽しめることをやってみてはいかがでしょうか。

　少し気持ちに余裕が出てくれば、趣味や習いごとを再開したり、あるいはなにか新しいことを始めたりするのもよいでしょう。そうした活動を通じて、人との交流も生まれます。

　たとえ短い時間であったとしても、日常生活のなかで、悲しみから離れる時間を持つことが大切です。

　亡き人の死を悼む一方で、これからの自分のために楽しい時間を持つことは悪いことではありません。自分が健康で毎日を楽しむことが亡き人への供養だと考え、日々を過ごしている人もいます。

　もちろん気分が乗らないときや、体調が悪いときに無理に行う必要はないですが、楽しみを持つことは、深い悲しみから一歩抜けだす糸口になるでしょう。

# 自分の好きなことをする時間を持つ

　しばらくはなにもする気がおきない時期が続くかもしれません。今すぐにではなくてもかまわないので、自分の好きなことをする時間を少しずつ作ってみましょう。

　以下の例を参考に、自分が楽しいと思えることを考えてみてください。

**● 楽しい時間を過ごす方法の例**

- [ ] 好きなものを食べる
- [ ] 好きな音楽を聴く
- [ ] 好きな映画やドラマを観る
- [ ] ショッピングに出かける
- [ ] 旅行に行く
- [ ] ガーデニングをする
- [ ] 友人とおしゃべりをする
- [ ] 温泉に入る
- [ ] 絵を習いに行く
- [ ] フィットネスジムに通う

# 小さな目標や希望

　これからの人生を生きていくためには、なにかしらの目標や希望を見つけていくことが肝要です。とはいえ、深い悲しみのなかで、目標や希望を持つことはすぐには難しいかもしれません。

　大切な人の死によって、生きる希望が奪われ、なんのために生きているのかがわからなくなることもあります。未来に希望を持てないまま、つらい時間を過ごしている人も少なくないでしょう。

　将来を見すえた大きな人生の目標でなくてもかまいません。まずは身近なところで、小さな目標を探すところから始めてみるのがよいでしょう。

　地域でのボランティア活動や語学の勉強など、今まで興味はあったものの、手を付けずにいた新しいことに挑戦したり、長らく中断していたことを再開したりするのもいいと思います。目の前の目標や課題に取り組むなかで、やりがいを感じ、人生に希望が持てるようになることもあります。

　実現が難しい希望であったとしても、希望を持つこと自体が大事です。希望は生きることを肯定することであり、生きていく力を与えてくれます。人生に希望があると思えることで、人生の歩みを力強く進めることができるのです。

　オーストリアの精神科医であるヴィクトール・E・フランクルは、右ページのように述べています。

　「人生にもう何も期待できない」と嘆くのではなく、視点を180度変えて、自分がだれかのため、あるいは社会のため、そして自分の人生のためになにができるのかを問われていると考えてみるのもよいかもしれません。

## 自分にはなにができるのかを考えてみる

　自分のためだけでなく、だれかのために自分ができることを模索してみる……。そのことが、新たな目標や生きがい、そして希望を見いだすことにつながるかもしれません。

「人生から何をわれわれは
まだ期待できるかが問題なのではなく、
むしろ人生が何をわれわれから
期待しているかが問題なのである」

ヴィクトール・E・フランクル

# 受診が心を解き放つきっかけに

　死別にともなうグリーフは多くの場合は病気ではありませんが、ご遺族の状態によっては、精神科や心療内科の受診をすすめることもあります。

　弟を交通事故で亡くされた女性と出会ったのは、事故から10数年が経とうとする頃でした。自分の子どもが産まれて、亡くなった弟に近い年齢になるにつれて、この子も事故で死んでしまうのではないかと不安でたまらないと話されました。

　心療内科を紹介したところ、担当の先生は、弟を亡くしたときからだれにも話すことができなかった悲しみや、交通事故に対する怒り、子育てへの不安など、定期的に彼女の話をじっくりと聞いてくれたそうです。

　「あなたがそう考えることは仕方がないけれども、私はそうは思いませんよ」という先生の言葉にも救われたそうです。「今も子どもが事故で死んでしまうかもという不安は消えません。ですが、先生が私はそうは思わないといってくれたので、もしかして大丈夫なのかな……と思えるようになりました」と話されています。

　精神科や心療内科を受診することに抵抗感をおぼえる人も多いかもしれませんが、心を解き放つきっかけになることもあります。

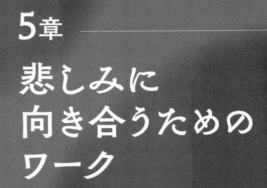

# 5章

## 悲しみに
## 向き合うための
## ワーク

QRを読み取ると
5章の  がついた
ワークがプリントできます。

# 悲しみの1行日記

　死別による悲しみは、たいていの場合、波のように強くなったり、弱くなったりをくり返します。大切な人の死からしばらくの間は、強い悲嘆を経験しがちですが、つらい気持ちが、同じ強さでずっと続いていくわけではありません。1日のなかでも気持ちは変化します。

　悲しみの1行日記では、毎日の悲しみの大きさと、その日のことを1行で書いていきます。右ページのつけ方を参考にして、悲しみの1行日記をつけてみてください。

　日常生活を送るなかで感じている悲しみを、自分自身で継続して評価し記録することで、みずからの心の状態や変化を客観視できます。悲しみには日々の変動があり、悲しみに押しつぶされそうな一日もあれば、あまり落ち込まずに過ごせる日もあります。

　1行日記は、その日の出来事や行動、考えたことや感じたこと、新たな気づきなどを振り返って、1日の自分の記録として書いてみてください。
　1文でなくてもかまいませんので、なるべく具体的に書くようにしましょう。

　死別からしばらくは、なにも考えられず、なにも手につかない日々が続くかもしれませんが、時間がたつにつれ、行動や気持ちに変化がみられてきます。
　つらい気持ちを抱えつつも、ときには喜びや楽しさ、満足感といった正の感情を経験することもあります。このように生活のなかで感情が変動することは、正常な悲嘆のプロセスであるといえます。

# 悲しみの1行日記のつけ方

　記入例を参考にして、あなたの悲しみの大きさと、その日のことを1行日記として毎日つけてみましょう。

### 用意するもの

* 悲しみの1行日記のワークシート
* 筆記具

### やり方

ワークシートに、悲しみの大きさと、その日の出来事や考えたことなどを、1日を振り返って記入します。

* 悲しみの大きさは、その日全体をとおしての悲しみの程度について、0点（悲しさを感じていない状態）〜100点（過去最大の悲しみ）の間で評価し、目盛上のもっとも当てはまるところに○印をつける。
* ある程度のまとまった期間、記入した後、毎日の悲しみの大きさをあらわす○印を直線でつないでみる。
* 1行日記は、1文でなくていいので、なるべく具体的に書いてみる。

─────────── 例 ───────────

| 日付 | 過去最大の悲しみ＝100点<br>悲しさはない＝0点 | その日の出来事や行動、考えたことや感じたこと、新たな気づきなど |
|---|---|---|
| 3月27日 | 0 10 20 30 40 50 60 70 80 90 100 | 涙がとまらない。生きる意味がわからない。 |
| 3月28日 | 0 10 20 30 40 50 60 70 80 90 100 | あなたの好きだったおかずを作った。食べて欲しい。 |
| 3月29日 | 0 10 20 30 40 50 60 70 80 90 100 | 部屋の片付けをした。少しスッキリした。 |
| 3月30日 | 0 10 20 30 40 50 60 70 80 90 100 | 久しぶりに外出して、友人とランチを食べた。楽しかった。 |

| 日付 | 過去最大の悲しみ＝100点<br>悲しさはない＝0点 | その日の出来事や行動、考えたことや<br>感じたこと、新たな気づきなど |
|---|---|---|
| 月　日 | 0 10 20 30 40 50 60 70 80 90 100 | |
| 月　日 | 0 10 20 30 40 50 60 70 80 90 100 | |
| 月　日 | 0 10 20 30 40 50 60 70 80 90 100 | |
| 月　日 | 0 10 20 30 40 50 60 70 80 90 100 | |
| 月　日 | 0 10 20 30 40 50 60 70 80 90 100 | |
| 月　日 | 0 10 20 30 40 50 60 70 80 90 100 | |
| 月　日 | 0 10 20 30 40 50 60 70 80 90 100 | |
| 月　日 | 0 10 20 30 40 50 60 70 80 90 100 | |
| 月　日 | 0 10 20 30 40 50 60 70 80 90 100 | |
| 月　日 | 0 10 20 30 40 50 60 70 80 90 100 | |
| 月　日 | 0 10 20 30 40 50 60 70 80 90 100 | |
| 月　日 | 0 10 20 30 40 50 60 70 80 90 100 | |

# 死別の影響図

　大切な人の死が、遺された者に与える影響は計り知れません。心身への影響をはじめとして、人間関係や社会生活、生き方など、多方面にわたって重大な影響が及ぶ可能性があります。

　このワークは、みずからの死別体験と向き合うための方法の一つで、大切な人の死が、自分に関わる各領域にどのような影響を与えたのかを理解することができます。京都産業大学学生相談室の米虫圭子先生が、研修会などで使用されていたものを元にしています。

　まず、次ページの書き方を見て、死別の影響図のワークシートに挑戦してみてください。

　記入後に全体を眺めてみると、多く書かれたカテゴリーもあれば、空欄やほとんど書く事柄がなかったカテゴリーもあると思います。

　あなたにとって、大切な人の死が、特にどの方面に大きな影響を及ぼしたのかを再確認することができます。あまり意識していなかった方面にも、実は影響を受けていたと気づく人もいます。

　また、影響の有無や大きさは、時間の経過とともに変化していきます。

　それぞれのカテゴリーでの影響が、どの時点での影響で、どのように変化してきたのかを考えてみるのもよいでしょう。

　死別の影響を図にあらわして俯瞰的に見ることで、抱えている問題を外在化できます。自分から少し切り離した形で客観的に捉えられるようになり、問題の解決や気持ちの整理につながるでしょう。

# 死別の影響図の書き方

　大切な人との別れによりあなたがどのような影響を受けているか、を書くことで客観視してみましょう。

### 用意するもの

* 死別の影響図のワークシート
* 筆記具

### やり方

① 図の中央の○のなかに、例にならって、亡き人との続柄や名前、愛称などを記入する。
② 亡き人の死によって引き起こされたさまざまな方面への影響について、13のカテゴリーのそれぞれに該当する内容を書き込む。

* どこから書き始めてもよい。
* すべてのカテゴリーを埋める必要はない。
* 影響があったカテゴリーのみ記入し、該当しないカテゴリーは空欄のままでよい。

----------------------例----------------------

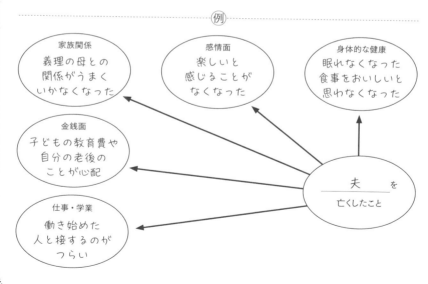

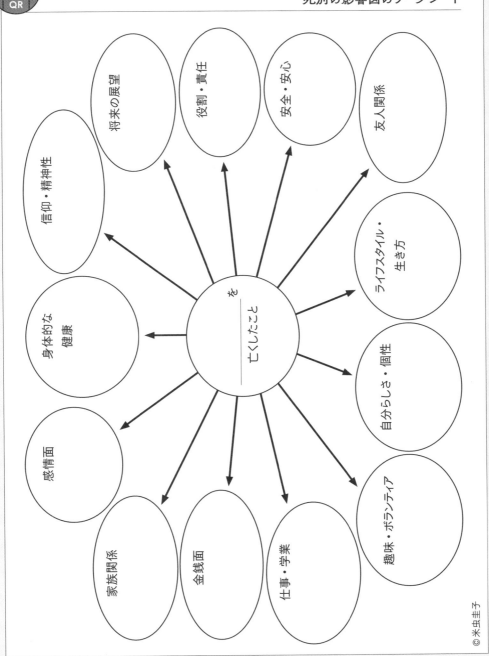

QR

将来の展望

役割・責任

安全・安心

友人関係

信仰・精神性

ライフスタイル・生き方

身体的な健康

を

亡くしたこと

自分らしさ・個性

感情面

趣味・ボランティア

家族関係

金銭面

仕事・学業

5章 悲しみに向き合うためのワーク

# 亡き人との往復書簡

　亡き人に手紙を書くことは、気持ちを整理するための方法の一つとしてよく知られています。

　「ありがとう」という感謝の気持ち、「ごめんなさい」という謝罪の気持ちなど、亡き人に対する自分の想いを手紙という形でしっかりと伝えてみましょう。

　生前には伝えきれなかった想いもきっとあると思います。良かったことも悪かったことも含めて、亡き人との思い出を振り返ってみます。

　そして、亡き人からあなた宛ての返信を、想いを巡らせて書いてみましょう。亡き人であれば、自分に対して、どのようなメッセージを送ってくれるのかを考えてみてください。

　手紙を書くことをとおして、亡き人へのあなたの想いを表現するとともに、亡き人からあなたへの想いについてもあれこれ想像することになります。

　想いを言語化することで、亡き人への入り交じった感情をときほぐし、気持ちの整理のきっかけになるかもしれません。また、自分が書いたものを、しばらく時間が経ってから読み返してみると、これまでの歩みや気持ちの移り変わりを再確認できると思います。

　右ページを参考にして、亡き人との往復書簡を書いてみましょう。

　とはいえ、みずからの想いを言葉にすることや、亡き人からのメッセージを想像することは簡単なことではなく、人によってはつらい作業になることもあります。あせって行う必要はありませんので、無理のない範囲で少しずつ取り組んでみてください。

# 亡き人との往復書簡の書き方

　あなたから亡き人へ伝えたい気持ちと、亡き人からあなたへのメッセージを想像して往復書簡を書いてみましょう。

## 用意するもの
* 亡き人との往復書簡のワークシート
* 筆記具

## やり方
亡き人へのメッセージと亡き人からのメッセージについて考え、例にならって、往復書簡を書いていきます。
* 順番…あなたからの手紙が先でも、亡き人からの手紙が先でもよい。
* 回数…１回だけでもいいが、継続して行うのもよい。命日や記念日に定期的に書くという方法もある。

 例

---

お父さんへ

今日、空には何がみえますか？　私が見上げた空には、今年もきれいな花火がみえています。最後に一緒に過ごした夜、空一面に広がった花火をみたね。大きな音に「今日はうるさいなあ……」と言いながら、どこか嬉しそうなお父さんの声。会えなくなって何回目の夏なのか数えることもありませんが、花火の音を聞くと、今もお父さんが隣にいるような気がします。


娘へ

手紙ありがとう。お父さんのいるところからも、夏になると花火がよくみえるよ。でも、あの日、お前たちと見た花火が一番きれいだったなあ。みんな元気ですか？　お前たちの頑張っている姿をみながら、ここで飲むお酒はとてもおいしい。「いくつになっても、かわいいかわいい娘がしあわせでありますように」と願っているよ。

## あなたから亡き人へ

## 亡き人からあなたへ

# あなたへのおくりもの

　亡き人と過ごしたときを振り返り、その人からあなたがもらった「おくりもの」を考えます。ここでいう「おくりもの」とは、実際にプレゼントしてくれた物やお金など、形あるものだけを意味していません。

　亡き人から学んだことや思い出、言葉、気持ちなど、有形無形を問わず、その人が存在していたことで自分に与えられたすべてのことを含みます。

　できるだけ多くの「おくりもの」を考えて、シートに書き込んでみてください。このワークも、京都産業大学の米虫圭子先生の資料を元にしています。

　亡き人からの「おくりもの」を考えることを難しく感じる人もいれば、簡単に思いつく人もいるでしょう。いくつかはすぐに書き込めたとしても、それ以上はなかなか思いつかないという人もいるかもしれません。

　亡き人との時間を思い返して、亡き人があなたに与えてくれたものをじっくりと考えてみてください。

　書き終えたら、シートを見返して、亡き人からあなたが受け取った「おくりもの」を確認してみましょう。

　どのような「おくりもの」がたくさんあったでしょうか。そのなかには、今まで考えもしなかった意外なものがあった人もいると思います。

　亡き人からもらった「おくりもの」は、今のあなたに、どのような影響を与えているでしょうか。

　亡き人の姿形はなくとも、亡き人からの「おくりもの」は消えることなく、あなたにとって大きな意味を持っているかもしれません。

# あなたへのおくりものの書き方

亡き人からあなたが受け取った「おくりもの」を書き出してみましょう。
あなたのこれからの人生の力になってくれるものがあるかもしれません。

### 用意するもの

* あなたへのおくりもののワークシート
* 筆記具

### やり方

亡き人からのおくりものについて考えをめぐらせ、例にならってワーク
シートに記入していきます。
* 書くこと…亡き人から学んだこと、思い出、言葉、気持ちなど、有形無
形を問わず、自分に与えられたすべて。

[注意点] できるだけ多くの「おくりもの」を考え、書き込む。

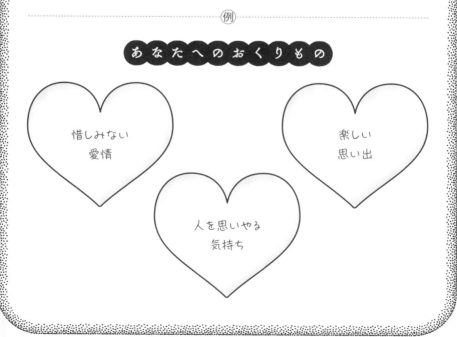

あなたへのおくりもの

惜しみない
愛情

人を思いやる
気持ち

楽しい
思い出

## あなたへのおくりもの

5章　悲しみに向き合うためのワーク

# メモリー・ボックス

メモリー・ボックス（Memory Box）とは、亡き人の思い出を大切に持ち続けるために、そのなかに亡き人にまつわるものを入れる装飾した箱を意味しています。

箱のなかに亡き人への想いや思い出を入れて閉じておき、好きなときになかを見たり、取り出したりして亡き人に想いを寄せることができます。

このワークは、年齢を問わず取り組むことができます。一人で作業してもいいですし、他の人と一緒に取り組んでもよいでしょう。

メモリー・ボックスを、右ページを参考に作ってみましょう。箱はどのような形やサイズでもかまいませんが、なかに入れたいものや置く場所などを考慮して選びます。箱のサイズが、亡き人への想いの強さや、思い出の数をあらわすわけではありません。

箱の装飾が完成したら、写真や手紙、形見など、なかに入れるものを考えます。箱の中身は、必要に応じて追加したり、入れ替えたりしても問題ありません。

メモリー・ボックスの置き場所として、常に見えるところに置いておく人もいれば、普段はみえないところに保管して、気が向いたときに取り出して、蓋を開けるという人もいます。他の人にみせて、亡き人の思い出を語りあうこともよいですが、みせたくなければみせる必要はありません。

メモリー・ボックスを作ることをとおして、大切な記憶をあらためて思い返し、亡き人との絆やつながりを感じることができるでしょう。

自分の感情や亡き人への想いを整理するきっかけになるかもしれません。

# メモリー・ボックスの作り方

　亡き人への想いや思い出の品を、大切にしまう箱を作ってみましょう。亡き人とあなたの好みに装飾すれば、この世にたった一つのメモリー・ボックスが完成します。

### 用意するもの

* 好みの丈夫な箱
* 箱の装飾に使うもの（手芸用品、シール、雑誌の切り抜きなど）
* 箱の中に入れるもの（写真や手紙、形見など）

### 作り方

① 箱を選び、装飾する。
   * 亡き人の好きな色、自分の気持ちをあらわす色など、自分なりに意味のある色を選んで、色を塗ったり、色紙を貼ったりする。
   * ハートマークなど、手芸用品やシール、雑誌の切り抜きなどを貼り付けるのも一案。
   * 箱の外側や内側に、短いメッセージや言葉を記してもよい。

② 入れるものを、箱のなかに上手に配置する。

---
〈例〉

　メモリー・ボックスの中身を変更するときは、変更前の写真をとってこのページに貼っていくと、変化がわかってよいでしょう。

　死別の悲しみと折り合いをつけるために、自分の感情や気持ちを表現することの大切さは既に述べたとおりですが、表現する方法は言葉だけではありません。

　アートを用いることで、言葉にすることが難しい心の内の複雑な想いや微妙なニュアンスを表現できるかもしれません。

　アートセラピー（芸術療法）とよばれる精神療法では、絵画や音楽、箱庭、粘土による造形など、さまざまな表現活動が用いられています。コラージュは、その方法の一つです。

　コラージュとは、台紙に紙や布などの雑多な素材を切り貼りする表現技法のことで、広告やポスターなどにおいても写真や文字が巧妙に配置され、コラージュの手法が応用されています。

　ここでは亡き人との思い出や、自分の内面にある亡き人への想いをイメージして、コラージュ作品として表現します。アートと聞くと、二の足を踏む人もいると思いますが、いざ始めると夢中になる人も多いですので、気軽に試してみてください。

　このワークは、亡き人への思い出をイメージとして表現する過程が重要ですので、作品のでき映えは問題ではありません。

　作品のなかに、どのような意味が込められているのかが大切です。完成した後、作品のタイトルを考えてみることで、自分のかかえている想いが明確になるかもしれません。

　時期をあけて再び取り組んでみると、作品で表現されたイメージの違いによって、気持ちの変化を実感できることもあります。

# コラージュの作り方

亡き人への想いや思い出をコラージュにして表現してみましょう。言葉にできないでいた気持ちがあらわれるかもしれません。

## 用意するもの

* 好みの大きさの画用紙などの台紙
* 切り抜きの材料（雑誌やカタログ、新聞の折り込み広告、旅行代理店のパンフレットなど。表現のための素材は、人物や動物、植物、乗り物、建物、風景、食べ物、衣類、装飾品、ぬいぐるみ、人気キャラクターに加え、標語やキャッチフレーズなどの文字や文章を含め、どのようなものでも可）
* のりとハサミやカッターナイフなど

## やり方

① 素材のなかから自分が表現したいイメージに合ったところを切り抜く。
② 台紙のうえに自由に配置し、のりで貼り付けていく。

（例）

　時期をあけて作ったコラージュの写真を、このページに貼っていきましょう。
きっと、気持ちの変化がみえてくるでしょう。

# 亡き人とつながる場所

　大切な人を亡くしたとき、私たちはなにを失い、なにを失わないのでしょうか。

　生きている者同士として、その人とともに過ごす生活や人生は失われますが、その人と生きた時間や与えられたものはなくなりません。

　ここでは、亡き人と一緒に出掛けた場所やともに過ごした空間、亡き人が多くの時間を過ごした場所、一緒に行きたかった場所など、亡き人にゆかりのある場所をリストアップし、実際に訪ねてみます。

　このワークは、心理学者の川島大輔先生の「故人の生きた歴史を探訪する」を参考にしています。

　リストに挙げた場所に出かけて、その場に立つと、姿はみえなくても、亡き人が今もあなたとともにあることにあらためて気がつくかもしれません。

　あなたが亡き人を想うように、亡き人もあなたのことを想ってくれていると感じる人もいるでしょう。人によっては、自分が確かに「今」を生きていることを確認する時間にもなります。

　亡き人をよく知る人と会って、思い出を語ってもらうこともいいでしょう。亡き人との思い出の場所を訪ねたり、思い出を語り合ったりすることは、亡き人が生きた歳月を心にとどめ、記憶のなかで生かし続けることでもあります。

　物理的には存在しない亡き人とのつながりを、どのように捉えて、人生を歩んでいくのかは人によって異なります。

　亡き人にゆかりのある場所で、これからの自分にとっての亡き人の存在を再確認してみてはいかがでしょうか。

# 亡き人とつながる場所の書き方

　亡き人にゆかりのある場所を訪ねてみませんか。亡き人と今もつながっていることを感じられるはずです。

### 用意するもの

* 亡き人とつながる場所のワークシート
* 筆記具

### やり方

亡き人にゆかりのある場所を思い返し、例にならってワークシートに記入していきます。

* **書くこと**

　亡き人とつながる場所の名称と、その場所が亡き人やあなたにとってどのような意味を持つか書く。

* **優先順位をつける**

　リストアップした場所に、行きたい順に数字を書いていき、順番に訪ねて行く。

---

⟨例⟩

| 優先順位 | 訪れたい場所 | 亡き人やあなたにとって<br>どのような場所なのか |
| --- | --- | --- |
| 2 | 東京 | 結婚した頃に二人で住んでいた町 |
| 3 | 北海道の知床 | いつか一緒に行こうと話していた場所 |
| 1 | ○△公園 | 元気な頃に一緒に車で行って散歩した公園 |
|  |  |  |
|  |  |  |
|  |  |  |

| 優先順位 | 訪れたい場所 | 亡き人やあなたにとって<br>どのような場所なのか |
| --- | --- | --- |
|  |  |  |
|  |  |  |
|  |  |  |
|  |  |  |
|  |  |  |
|  |  |  |
|  |  |  |
|  |  |  |
|  |  |  |
|  |  |  |
|  |  |  |

© 坂口幸弘、川島大輔

# 未来の自分からのメッセージ

「未来の自分」を想像して、「現在の自分」に対するメッセージを書いてみます。

あなたは深い悲しみを抱えつつも、目の前の生活を営みながら、今を生きています。この先の人生をどう生きていけばいいのかわからずに、途方に暮れている人もいることでしょう。

死別の悲しみやつらさは、時間だけで解決できる問題ではありません。

しかし、数カ月後あるいは数年後、もしくはもっと先の未来には、今よりも心穏やかな時間を過ごしていると思ってみてください。

もっともつらい時期から抜け出せた「未来の自分」を想像してみます。

その「未来の自分」から、「現在の自分」に向けてメッセージを送りましょう。

平穏な日々を過ごす未来のあなたが、今現在からの年月において、気持ちや体調がどのように変化し、今、どのような生活や人生を歩んでいるのかを教えてあげてください。

「未来の自分」が持つ考え方や価値観、希望や目標、人生の計画なども併せて伝えるとよいと思います。

未来からのメッセージを考えるにあたって、もっとも大切なことは、メッセージを受け取る現在のあなたを優しくいたわり、思いやりの気持ちを示すことです。

未来の自分からの温かいメッセージは、現在のあなたにとって、悲しみとともに生きるための糧になると思います。

# 未来の自分からのメッセージの書き方

　記入例を参考にして、未来の自分から現在の自分にメッセージを書いてみましょう。

## 用意するもの
* 未来の自分からのメッセージのワークシート
* 筆記具

## やり方
「未来の自分」の立場から、「現在の自分」に向けてのメッセージを考え、例にならって記入していきます。

---

〈例〉

親愛なる＿＿＿＿＿＿＿＿＿＿＿＿＿＿＿＿＿＿＿（あなたの名前・愛称）


現在の自分に対してメッセージとして伝える内容例

* 覚えておいてほしいこと

* 知っておいてもらいたいこと

* ぜひしてもらいたいこと

* しないほうがいいこと

* 気をつけてほしいこと

* 考えてほしいこと　　など

親愛なる＿＿＿＿＿＿＿＿＿＿＿＿＿＿＿＿＿＿＿＿＿＿＿＿＿＿＿＿＿

# 同じような体験をした人を支える

　息子を自死で亡くされた男性と出会ったのは、私の講演会でした。「論理的に聞くことで、言葉にできない想いが腑に落ちた気がしました」との感想をくださり、熱心にグリーフケアの本を読んだり講演会に足を運んだりされるようになりました。

　大切な人の死の意味を探し求め、亡き人の生きた証を残したい、その死を無駄にしたくないと考えるご遺族は少なくありません。グリーフに関する知識を積み重ねるなかで、彼もそのような思いを強く抱くようになったように見受けられました。

　そのあと、彼は同じような体験をした人が集うことのできる場を作りたいと、子どもを自死で亡くした親の会を立ち上げ、さまざまなご遺族の歩みを見守っています。

　「遺族のお手伝いをすることが私のグリーフケアになっているような気がしますし、この会は息子の生きた証です」と、あるとき話してくれました。

　つらい死別の体験をした者だからこそ、できることがあるように思います。彼のように、同じような体験をした人を支えることが、亡き人の死を受けいれ、自分自身の生きる糧にもなり得ることもあります。

# 6章

## きっとあなたの
## 役に立つ情報

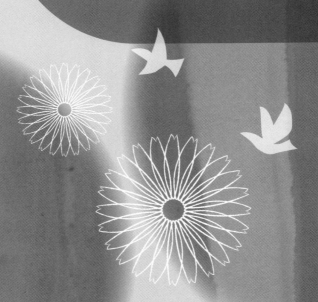

# 心を癒してくれる絵本

　絵本ときくと、幼い子ども向けのイメージがあるかもしれませんが、必ずしもそうではありません。大切な人を失った悲しみを描いた作品も多く出版されています。

　数ある絵本のなかには、あなたの心の機微に優しく触れるものもあると思います。深い悲しみを抱えているときに、生

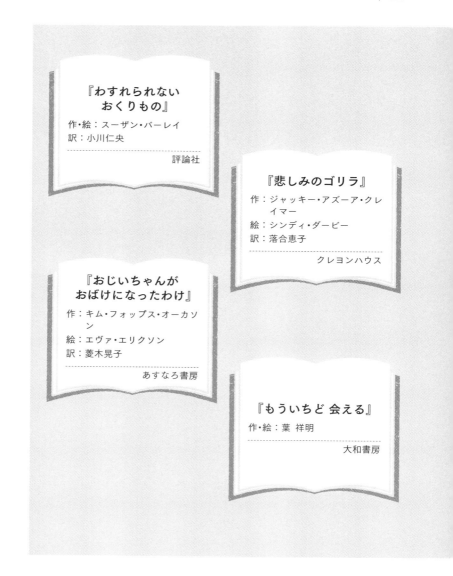

『わすれられない
　おくりもの』
作・絵：スーザン・バーレイ
訳：小川仁央

評論社

『悲しみのゴリラ』
作：ジャッキー・アズーア・クレ
　イマー
絵：シンディ・ダービー
訳：落合恵子

クレヨンハウス

『おじいちゃんが
　おばけになったわけ』
作：キム・フォップス・オーカソ
　ン
絵：エヴァ・エリクソン
訳：菱木晃子

あすなろ書房

『もういちど 会える』
作・絵：葉 祥明

大和書房

きる希望をそっと与えてくれる一冊に出合えることもあります。

　人によって好みや感じ方は違いますので、どの絵本が心に響くかは人それぞれでしょう。おすすめの絵本を挙げることは難しいですが、私の手元にあるもののなかから、死別にともなうグリーフに関連した作品としてよく知られたものを中心にご紹介します。

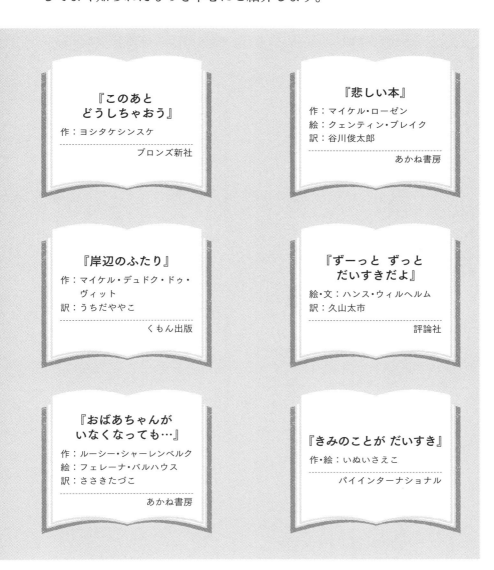

『このあと
どうしちゃおう』

作：ヨシタケシンスケ

ブロンズ新社

『悲しい本』

作：マイケル・ローゼン
絵：クェンティン・ブレイク
訳：谷川俊太郎

あかね書房

『岸辺のふたり』

作：マイケル・デュドク・ドゥ・
　ヴィット
訳：うちだややこ

くもん出版

『ずーっと ずっと
だいすきだよ』

絵・文：ハンス・ウィルヘルム
訳：久山太市

評論社

『おばあちゃんが
いなくなっても…』

作：ルーシー・シャーレンベルク
絵：フェレーナ・バルハウス
訳：ささきたづこ

あかね書房

『きみのことが だいすき』

作・絵：いぬいさえこ

パイインターナショナル

# 大切な人を亡くした人の体験記

つらい死別を経験した人がみずからの体験を綴った書籍は数多く出版されており、そのなかには読者から大きな反響を得ているものも少なくありません。同じような経験をした人の体験記は、悲しみの深い闇のなかで、一筋の光になることもあります。

もちろん類似した体験の話であっても、一人ひとりの状況や想いは異なり、手に取った本が必ずしも参考になるとは限

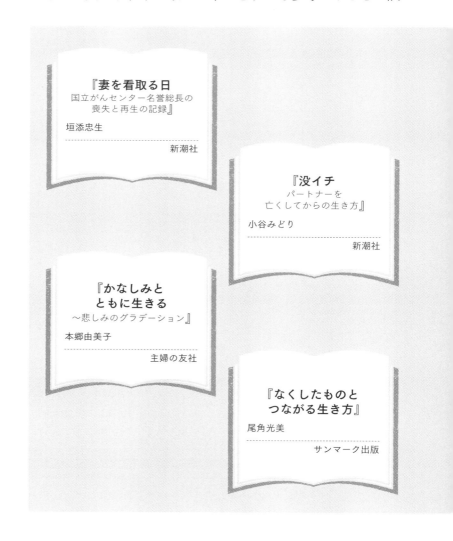

『妻を看取る日
国立がんセンター名誉総長の
喪失と再生の記録』

垣添忠生

新潮社

『没イチ
パートナーを
亡くしてからの生き方』

小谷みどり

新潮社

『かなしみと
ともに生きる
〜悲しみのグラデーション』

本郷由美子

主婦の友社

『なくしたものと
つながる生き方』

尾角光美

サンマーク出版

りません。とはいえ、さまざまな遺族の体験記を読むことをとおして、自分なりに悲しみに向き合うためのヒントを見いだせることもあります。

　電子書籍も含めて、現時点で入手可能な体験記のいくつかをご紹介します。

　なお昨今は、SNS 上で自身の体験記を綴っている遺族も多く存在しており、自分の体験やおかれた状況に近い人のものを探して目をとおしてみるのもよいでしょう。

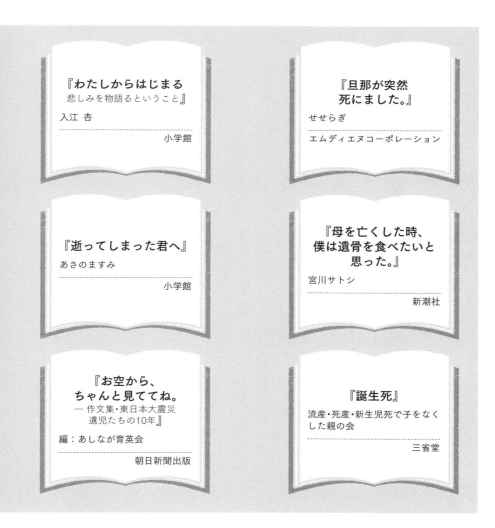

『わたしからはじまる
悲しみを物語るということ』
入江 杏
小学館

『旦那が突然
死にました。』
せせらぎ
エムディエヌコーポレーション

『逝ってしまった君へ』
あさのますみ
小学館

『母を亡くした時、
僕は遺骨を食べたいと
思った。』
宮川サトシ
新潮社

『お空から、
ちゃんと見ててね。
― 作文集・東日本大震災
遺児たちの10年』
編：あしなが育英会
朝日新聞出版

『誕生死』
流産・死産・新生児死で子をなく
した親の会
三省堂

　本書を読まれている方のなかには、死別にともなう悲嘆やグリーフケアについてもっと学んでみたいと思った人もおられるでしょう。

　みずからの体験をもとに、同じような悲しみを抱えた人たちの力になりたいと考えている方もいるかもしれません。

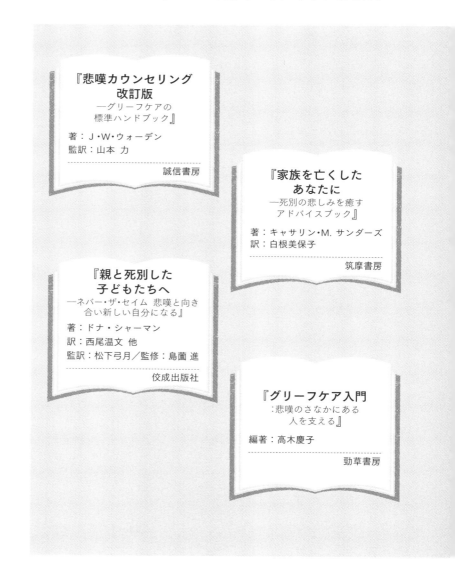

『悲嘆カウンセリング
改訂版
　—グリーフケアの
　標準ハンドブック』

著：J・W・ウォーデン
監訳：山本 力

誠信書房

『家族を亡くした
あなたに
　—死別の悲しみを癒す
　アドバイスブック』

著：キャサリン・M. サンダーズ
訳：白根美保子

筑摩書房

『親と死別した
子どもたちへ
　—ネバー・ザ・セイム　悲嘆と向き
　合い新しい自分になる』

著：ドナ・シャーマン
訳：西尾温文 他
監訳：松下弓月／監修：島薗 進

佼成出版社

『グリーフケア入門
　：悲嘆のさなかにある
　人を支える』

編著：高木慶子

勁草書房

悲嘆やグリーフケアに関する本は、翻訳書も含め、たくさん出版されています。学術的な内容が中心の専門書もあれば、遺族の声を多く交えたものや、グリーフケアの実際の取り組みを紹介したものもあります。

　入手困難になった良本もありますが、現時点で入手可能な本のうち、おすすめのものをご紹介します。

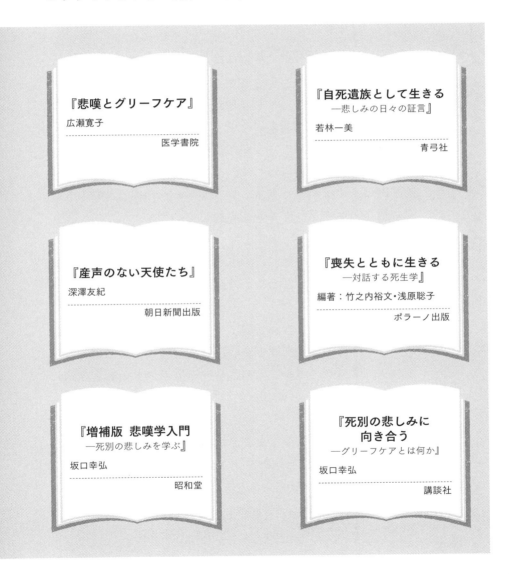

『悲嘆とグリーフケア』
広瀬寛子
医学書院

『自死遺族として生きる
　　―悲しみの日々の証言』
若林一美
青弓社

『産声のない天使たち』
深澤友紀
朝日新聞出版

『喪失とともに生きる
　　―対話する死生学』
編著：竹之内裕文・浅原聡子
ポラーノ出版

『増補版　悲嘆学入門
　　―死別の悲しみを学ぶ』
坂口幸弘
昭和堂

『死別の悲しみに
　　向き合う
　　―グリーフケアとは何か』
坂口幸弘
講談社

　グリーフケアの一環として、遺族同士のピアサポートや分かち合いの会、あるいは遺族会は、都市部を中心に全国で開催されています。当事者遺族が設立して運営している会もあれば、病院や大学、葬儀社、自治体、非営利団体などを母体として医療や心理の専門家が主催している会もあります。各会の活動の内容は多様で、規模も大小さまざまです。

　支援の対象に関して、死別体験者であればだれでも参加できる会もありますが、子どもを亡くした親、親を亡くした子ども、きょうだいを亡くした遺族、若い世代の遺族など、故人との続柄や年代で対象者を限定している会もあります。

　代表的な団体として「一般財団法人あしなが育英会」は、遺児への心のケア事業として、神戸と東京、仙台、石巻、陸前高田にレインボーハウスというサポートの拠点を作り、遺児や親へのケアプログラムを実施しています。

　また死因や死の状況別に、自死（自殺）や事件・事故の被害者の遺族を対象とした会や、流産・死産の体験者の会などもあります。

　たとえば「特定非営利活動法人全国自死遺族総合支援センター」は、自死遺族支援を中心に遺族全般の支援活動を行っており、電話やメールでの相談や、遺族のつどいを定期的に実施しています。

　関西地域限定ではありますが、グリーフケアに取り組んでいる種々の団体によって設立された「関西遺族会ネットワーク」は、情報交換や勉強会などを定期的に行うとともに、ホームページ（https://www.izoku-net.com/）で、ピアサポートや分かち合いの会などの情報を集約して発信しています。

# 遺族同士の会に参加した人の動機

　遺族のためのピアサポートや分かち合いの会は、ホームページやSNSなどをつうじて情報発信している団体が多いです。関心のある方は検索してみるとよいでしょう。

　そのような会に参加される方の動機には以下のものがあります。特に「同じような体験をした人の話を聞きたい」というのが、大半の方の参加動機となっています。

● **参加の動機**

* 同じような体験をした人の話を聞いてみたかった

* 普段話せないことをだれかに話したかった

* 自分の気持ちをだれかに聴いて欲しかった

* 同じような体験をした人なら自分の気持ちをわかってもらえると思った

* 専門家の話を聞いてみたかった

* 同じような体験をした人の力になりたかった

* どのようなことをするのかに興味があった

* いろいろな人と知り合いになりたかった

* 外に出かけたかった

6章　きっとあなたの役に立つ情報

# 遺族のための相談機関

　だれもが利用できる遺族のための身近な相談先として、各都道府県・政令指定都市ごとに設置されている精神保健福祉センター（https://www.zmhwc.jp/centerlist.html）や各地域の保健所があります。

　医師や看護師、保健師、精神保健福祉士、公認心理士などの専門職がいて、電話や対面での相談を行っています。

　お近くの精神保健福祉センターや保健所のホームページを確認したり、直接電話で問い合わせてみたりするとよいでしょう。

　また、「遺族外来」「家族・遺族ケア外来」「グリーフケア外来」などとよばれる病院外来もあります。

　遺族の精神的な苦痛に対する診療やケアをするための外来で、その数は現時点では必ずしも多くないですが、少しずつ増えてきています。

　たとえば、東京都の国立がん研究センター中央病院の家族・遺族ケア外来は、がん患者の家族およびがんで患者を亡くした遺族を対象とした外来で、医師と心理療法士が担当し、同病院以外の患者の家族・遺族の相談も受け付けています。

　また、大阪市内の淀川キリスト教病院では、公認心理師によるカウンセリングを主としたグリーフケア外来が行われています。

　死因や故人との続柄、死別からの経過期間などを問わず、死別を経験した人であれば、だれでも受診することができます。

　ただし、こうした遺族のための病院外来は、基本的に保険診療ではないため料金は自費負担となります。

# 相談機関を利用してみる

　各機関によってグリーフケアに関する取り組みは異なりますが、基本的にこころの健康に関する相談全般に対応しています。地域で活動しているグリーフケアの団体や、各種困りごとの相談先などに関する情報を提供してくれることもあります。

　大阪府内にある豊中市保健所では、2012年からグリーフケア事業として、市民向けの講演会や分かち合いの会を定期的に開催するとともに、下記のようなリーフレットを作成し、配付しています。

## わかちあいの会について

豊中市では大切な人を亡くした市民のみなさまを対象に、わかちあいの会を開催しています。「同じような体験をした人の話が聴きたい。」「今の気持ちにどのように向きあえば良いのかを知りたい。」という方には、良い機会になると思います。

≪参加者の声≫

夫が亡くなって 10 年ですが、参加して心にとどめていた気持ちが吐露でき、心が少し楽になりました」
「死別の悲しみをもつのは、自分だけではないと思いました」
「大切な人を亡くして悲しみにくれている人に、このわかちあいの会を勧めたいと思います」

参加費用は無料です。
詳しくは豊中市保健所までお問い合わせください。

# 大切な人を亡くしたとき
### ～グリーフ（悲嘆）って何だろう？～

**豊中市保健所　医療支援課　精神保健係**
監修　関西学院大学人間福祉学部　坂口幸弘研究室

# おわりに

　本書には、グリーフに関する知識や情報だけでなく、死別の悲しみと向き合うためのワークも含まれています。本文を読み進めたり、ワークに取り組んだりした結果として、つらい記憶や無意識に遠ざけていた想いがよび起こされ、心が重く感じられた人もいるかもしれません。そんなときは、自分の好きなことをするなど、「自分に優しく」を意識して、ゆっくりと心を休めてもらいたいと思います。

　しばらく時間を空けてから本書を読み返してみると、また違った気づきがあるでしょう。今のあなたにはしっくりこなかった言葉が、そのときには役に立つこともあります。ワークに関しても、数カ月後や数年後に、再び取り組んでみるのもよいと思います。今とは異なる発見や気持ちの変化がきっとあるはずです。

　また、他の人にもワークをしてもらい、その体験を共有してみるのもいいでしょう。同じような死別の経験であっても、一人ひとりの想いや向き合い方は大きく異なります。ワーク体験を共有することをとおして、新たな発見や生き方のヒントを得ることができることもあります。

とはいえ、身近に同じような経験をした人がいなかったり、身近な人には個人的な話はしづらかったりします。そこで、本書の読者の皆様が、それぞれのワーク体験を共有することができるように、読者専用のWebサイトを作成しました。サイト内の専用フォームから、ワークをつうじての気づきや気持ちの変化など体験談をお寄せください。体験談の一部は、ご本人の同意のもと、同サイト内で公開します。読者専用Webサイトへは、次ページのURLもしくはQRからお入りください。

　本書は、大切な人を亡くし、悲しみの渦中にある方々の支えになることを目標に、私のこれまでのグリーフケアに関する研究や実践活動をとおして得た学びや経験を踏まえて執筆しました。ご期待に応えられたかどうか心もとないですが、今の皆様にとって、なにか一つでも参考になるものがあれば幸いです。

　なお、本書を執筆するうえで、読者の皆様に不快感を与えることのないように文章表現には最大限の配慮をしたつもりです。もし不快な思いをされた方がいたとすれば、私の不徳の致すところであり、心よりお詫び申し上げます。

最後に、本書の執筆にあたっては、関西学院大学／悲嘆と死別の研究センターの研究支援員である赤田ちづる氏に、貴重なご助言をいただきました。この場を借りて、厚く御礼を申し上げます。また、本書の刊行のきっかけを与えてくださり、難しい編集作業を担当していただいた林　聡子氏と、デザインと図表を担当してくださったHON DESIGN　小守いつみ氏に深く感謝いたします。

2023年8月

坂口幸弘

---

**読者専用ページ**

▶ http://gbrc-kg.jp/?page_id=845

非公開・パスワードあり　griefcare

[著者]

**坂口幸弘**
（さかぐち・ゆきひろ）

関西学院大学
人間福祉学部教授
「悲嘆と死別の研究センター」
センター長

大阪府生まれ。大阪大学大学院人間科学研究科博士後期課程修了、博士（人間科学）。専門は臨床死生学、悲嘆学。死別後の悲嘆とグリーフケアをテーマに、主に心理学的な観点から研究・教育に携わる一方で、ホスピスや葬儀社、保健所などと連携してグリーフケアの実践活動を行ってきた。著書に『増補版 悲嘆学入門－死別の悲しみを学ぶ』（昭和堂）、『喪失学─「ロス後」をどう生きるか?』（光文社新書）、『死別の悲しみに向き合う─グリーフケアとはなにか』（講談社現代新書）などがある。

大切な人を亡くしたあなたへ
自分のためのグリーフケア

2023年11月10日　第1版第1刷発行

著　者　　坂口幸弘
発行者　　矢部敬一
発行所　　株式会社 創元社

　　　　　〈本　　社〉　〒541-0047 大阪市中央区淡路町4-3-6
　　　　　　　　　　　　Tel.06-6231-9010㈹
　　　　　〈東京支店〉　〒101-0051 東京都千代田区神田神保町1-2 田辺ビル
　　　　　　　　　　　　Tel.03-6811-0662㈹
　　　　　〈ホームページ〉https://www.sogensha.co.jp/

印　刷　　株式会社 太洋社

©2023 Printed in Japan
ISBN978-4-422-32086-1 C0011

落丁・乱丁本はお取り替えいたします。

# こころを癒すノート
## ──トラウマの認知処理療法自習帳

伊藤正哉、樫村正美、堀越勝 [著]

ISBN：978-4-422-11525-2
定価：1,320円（1,200円＋税）
A5判　並製　120ページ

私たちは日常生活でいろいろなことに傷つきます。時にはそれを受け流したり、そこから学んだりして生きています。しかし自分では対処できないくらい深く、心に傷を負ってしまうことがあります。トラウマを受けたあとに見られる「認知」に働きかけ、もう一度、以前のように自分らしく生きていけるようにする治療法が、「認知処理療法」です。本書では、その傷の手当をみずから試みるために《書き込み式ノート》の形をとっています。